Apprendre
par cœur

50 PROJETS D'IMPACT

pour engager
vos élèves
dans leurs
multiples
apprentissages

Catalogage avant publication de Bibliothèque et Archives nationales du Québec et Bibliothèque et Archives Canada

Vedette principale au titre:
Apprendre par cœur
(Collection Guides pratiques)
ISBN 978-2-7640-1627-5
Enseignement – Méthode des projets – Guides, manuels, etc. 2. Enseignement primaire – Méthodes actives – Guides, manuels, etc. I. Beaulieu, Danie, 1961- . II. Collection: Collection Guides pratiques (Montréal, Québec).

LB1027.43.A66 2010 372.13'6 C2010-941097-1

Une compagnie de Quebecor Media
7, chemin Bates
Montréal (Québec) Canada
H2V 4V7

Dépôt légal: 2010
Bibliothèque et Archives nationales du Québec

Pour en savoir davantage sur nos publications, visitez notre site: www.quebecoreditions.com

Éditeur: Jacques Simard
Collaboratrice à la rédaction: Jacinthe Cardinal
Conception de la couverture: Bernard Langlois
Illustration de la couverture: Istockphoto
Conception graphique: Marianne Tremblay
Infographie: Claude Bergeron

Imprimé au Canada

Gouvernement du Québec – Programme de crédit d'impôt pour l'édition de livres – Gestion SODEC.

L'Éditeur bénéficie du soutien de la Société de développement des entreprises culturelles du Québec pour son programme d'édition.

Nous reconnaissons l'aide financière du gouvernement du Canada par l'entremise du Fonds du livre du Canada pour nos activités d'édition.

DISTRIBUTEURS EXCLUSIFS:

- Pour le Canada et les États-Unis:
  MESSAGERIES ADP*
  2315, rue de la Province
  Longueuil, Québec J4G 1G4
  Tél.: (450) 640-1237
  Télécopieur: (450) 674-6237
  * une division du Groupe Sogides inc., filiale du Groupe Livre Quebecor Média inc.

- Pour la France et les autres pays:
  INTERFORUM editis
  Immeuble Paryseine, 3, Allée de la Seine
  94854 Ivry CEDEX
  Tél.: 33 (0) 4 49 59 11 56/91
  Télécopieur: 33 (0) 1 49 59 11 33

  Service commande France Métropolitaine
  Tél.: 33 (0) 2 38 32 71 00
  Télécopieur: 33 (0) 2 38 32 71 28
  Internet: www.interforum.fr

  Service commandes Export – DOM-TOM
  Télécopieur: 33 (0) 2 38 32 78 86
  Internet: www.interforum.fr
  Courriel: cdes-export@interforum.fr

- Pour la Suisse:
  INTERFORUM editis SUISSE
  Case postale 69 – CH 1701 Fribourg – Suisse
  Tél.: 41 (0) 26 460 80 60
  Télécopieur: 41 (0) 26 460 80 68
  Internet: www.interforumsuisse.ch
  Courriel: office@interforumsuisse.ch

  Distributeur: OLF S.A.
  ZI. 3, Corminboeuf
  Case postale 1061 – CH 1701 Fribourg – Suisse

  Commandes: Tél.: 41 (0) 26 467 53 33
  Télécopieur: 41 (0) 26 467 54 66
  Internet: www.olf.ch
  Courriel: information@olf.ch

- Pour la Belgique et le Luxembourg:
  INTERFORUM BENELUX S.A.
  Fond Jean-Pâques, 6
  B-1348 Louvain-La-Neuve
  Tél.: 00 32 10 42 03 20
  Télécopieur: 00 32 10 41 20 24

Danie Beaulieu
Ginette Larose
Chantal Mongeon
Liza Murphy-Lefebvre

Apprendre par cœur

50 PROJETS D'IMPACT

pour engager vos élèves dans leurs multiples apprentissages

LES ÉDITIONS
Quebecor

Table des matières

Note: Les numéros des fiches proposées en annexe correspondent aux numéros des projets d'impact.

** Dans ce document, l'emploi du masculin pour désigner des personnes n'a d'autre fin que celle d'alléger la lecture du texte.*

Introduction

Que signifie pour vous l'expression « apprendre par cœur » ? Si on s'y attarde quelques instants, elle contient les deux mots qui font référence de la manière la plus juste et la plus significative à notre raison profonde d'enseigner : il s'agit bien sûr des mots « apprendre » et « cœur ». Permettez-nous donc de donner un sens nouveau à cette expression car, pour nous, apprendre (et FAIRE apprendre) est vraiment une affaire de cœur, de passion et de plaisir. Aider nos élèves à « apprendre par cœur », c'est donc les aider à s'impliquer activement dans leurs apprentissages, à y mettre tout leur cœur et, surtout, à s'amuser ! En ce sens, nous sommes persuadées qu'en plus d'être un ingrédient essentiel de l'apprentissage, le plaisir, en fait, en est le moteur. Sans lui, aucun apprentissage n'est possible.

Pensez à une situation agréable ou à un événement particulièrement amusant qui a marqué votre propre passage à l'école primaire. Revivez les sensations que vous avez vécues alors. De quel événement s'agit-il ? C'était probablement un moment qui sortait de l'ordinaire, qui était haut en couleur et peut-être même assez inhabituel... S'il a retenu votre attention, c'est sûrement qu'il a piqué votre curiosité et vous a fait vivre des émotions intenses : voilà autant de conditions pour qu'une information s'inscrive dans la mémoire, c'est-à-dire pour qu'un apprentissage se fasse de manière efficace et durable.

Par ailleurs, plusieurs études ont montré l'importance du plaisir dans l'apprentissage. On sait depuis longtemps qu'il est plus facile — et plus agréable — d'apprendre par le jeu. En effet, il est communément admis que le jeu permet l'acquisition d'habiletés motrices, cognitives, langagières et sociales essentielles au développement des tout-petits. Pourquoi en irait-il autrement une fois arrivé à l'école ? Pourquoi donc l'apprentissage devrait-il nécessairement être aride, fastidieux et d'un sérieux à toute épreuve ? En fait, il n'en est rien ! Au contraire : plusieurs recherches ont démontré que la transmission de connaissances est plus efficace si son contexte est positif et agréable. D'ailleurs, il y aurait un rapport entre le sourire d'un enfant et son développement intellectuel et, toujours selon les recherches, le cerveau déteste tout ce qui est linéaire, imposé et monotone. Le plaisir a donc des vertus pédagogiques ! Il détend les élèves, les plaçant dans un état de réceptivité favorable à l'apprentissage, tout en diminuant leur niveau d'anxiété et en favorisant leur participation active. Voilà autant de raisons d'incorporer le plaisir à nos interventions !

Le plaisir est donc au centre des 50 projets d'impact que nous vous proposons dans ce livre. Mais ce n'est pas là le seul principe qui a influencé notre travail. Deux autres principes inspirés des techniques d'impact favorisent un apprentissage plus efficace et plus durable (et ce, sur les plans tant scolaire que personnel et relationnel) : l'ancrage dans le connu (c'est-à-dire le fait d'accrocher les connaissances nouvelles à des connaissances plus familières afin d'en faciliter une meilleure intégration, et ce, souvent grâce à des métaphores axées sur le quotidien des enfants) et l'utilisation de la répétition (un outil mnémotechnique bien reconnu).

Qu'il s'agisse de la « Pizzamania », des « Serpents et échelles » ou du « Sac à surprises », tous les projets que nous vous proposons sont présentés de la même manière. En premier lieu, le but de l'activité est énoncé, vous permettant de mieux comprendre le rationnel à la base du projet et ses objectifs propres. Ensuite, chaque projet est divisé en trois grandes sections, regroupant des indications quant à la manière de mettre le projet en place en début d'année, une description détaillée des activités suggérées en cours d'année et, finalement, des idées pour « boucler la boucle » et pour conclure l'année scolaire en beauté, tout en effectuant un bilan de l'année qui se sera écoulée. Le tout est agrémenté de quelques encarts offrant des suppléments d'information utiles et, surtout, de fiches reproductibles pratiques et attrayantes, présentes pour une raison bien précise : vous simplifier la vie ! Vous n'avez qu'à photocopier les fiches dont vous avez besoin, et le tour est joué !

Évidemment, nul besoin de vous conformer aux démarches proposées. Au contraire ! Nous vous invitons expressément à faire preuve d'imagination et à sortir de votre zone de confort pour éclater la forme de ces projets, le tout afin de les adapter à votre style d'enseignement, à vos objectifs particuliers et aux besoins de vos élèves ! Vous pourriez donc initier plus d'un projet à la fois, en commencer un à n'importe quel moment de l'année, fondre deux projets ensemble ou même ajouter des exercices et des activités de votre cru !

Mettez votre plaisir d'enseigner à l'avant-plan et devenez créatif ! Ajoutez vos épices personnelles aux activités que nous avons imaginées pour vous… N'oubliez pas que ce n'est pas tout de stimuler le plaisir d'apprendre. Il est également très « rentable » d'exploiter votre propre plaisir de FAIRE apprendre. Pensez à votre plaisir à vous, comme enseignant ! Non seulement ce sera plus motivant et plus enrichissant pour vous, mais cela vous procurera nécessairement plus d'énergie et de nouvelles idées… Chacun sait que le plaisir est communicatif ! Partagez-le avec vos élèves, mais aussi avec vos collègues, les spécialistes de votre école et, surtout, avec les parents de vos petits camarades ! N'hésitez pas à leur faire part des projets que vous mettrez de l'avant dans votre classe, faites-les participer, impliquez-les ! Mettez du cœur à l'ouvrage et faites de votre milieu d'enseignement le cœur de la vie des enfants et des membres de leur entourage !

Ces projets étant présentés pour la première fois, certains d'entre eux n'ont jamais vraiment été expérimentés. Vous êtes donc nos interlocuteurs privilégiés. N'hésitez pas à nous faire part de vos expériences, de vos bons coups, de vos suggestions. Nous serons heureuses de les inclure dans la prochaine édition de ce livre et nous sommes persuadées que nous apprendrons beaucoup de vos réflexions parce que… nous aussi, nous aimons « apprendre par cœur » !

Amusez-vous bien !

> Les auteures

Danie Beaulieu, Ginette Larose, Chantal Mongeon et Liza Murphy-Lefebvre

Pizzamania

Le but de cette activité est de léguer aux élèves un héritage qui n'a pas de prix : celui de prendre plaisir à l'apprentissage. Cette activité les incitera à mordre dans les connaissances et à comprendre qu'il faut se donner le temps nécessaire pour les assimiler et pour bien les digérer !

AU DÉBUT DE L'ANNÉE

Lorsqu'on tente de faire acquérir un nouvel apprentissage, il est important de relier la nouvelle signification à une habitude déjà bien enracinée dans la vie des jeunes, c'est-à-dire à un comportement qu'ils répètent de façon automatique, régulière. Cela permet de créer un ancrage très puissant et de mieux assimiler la nouvelle notion. Présentée sous l'angle du plaisir, l'activité qui suit est vouée au succès auprès de vos jeunes « clients » !

Lors de la première journée d'école, faites livrer une très grande pizza dans votre salle de classe. Assurez-vous que celle-ci soit impressionnante à souhait et qu'elle puisse nourrir tous vos élèves. Habituellement, la favorite des enfants est la pizza pepperoni et fromage. La pizza Margarita au fromage est également très populaire. L'idée, c'est que la pizza chaude suscite l'envie des enfants. Tous leurs sens sont alors en effervescence !

Avant de leur servir la pointe qu'ils désirent tant, utilisez ce moment d'effervescence pour transmettre certains apprentissages. Demandez-leur si un élève peut, en une seule bouchée, avaler toute la pizza. Évidemment, ils savent que c'est impossible, et ce, malgré leurs yeux qui en disent long sur leur convoitise et leur appétit ! Il faut en prendre de petites bouchées, mastiquer, avaler, digérer. Expliquez-leur alors qu'il en va de même pour les apprentissages. Personne ne peut absorber d'un seul coup toutes les connaissances à acquérir durant l'année, bien qu'elles soient alléchantes et passionnantes. Il faut donc, comme pour la pizza, apprendre à décomposer en sous-étapes — ou en pointes — l'assimilation des enseignements.

Vous pouvez en profiter pour associer les portions aux différentes matières touchées durant l'année. Vous transmettez ainsi brièvement le programme qu'ils auront à parcourir et à savourer ! Prenez note que votre discours doit être court pour que les jeunes puissent manger leur part chaude. Assurez-vous que tous leurs sens reçoivent des informations positives !

Tout au long de l'année, chaque fois que les enfants mangeront de la pizza, ils auront un rappel de cette expérience vécue en classe au début de l'année. En général, ils la partageront avec leur famille et leurs amis. Ils se remémoreront l'enseignement que vous leur avez transmis et le répéteront en expliquant les liens à établir entre les morceaux de la pizza et leurs apprentissages. N'oubliez pas que la meilleure façon d'apprendre est d'enseigner ! C'est ce que vous leur permettrez de faire.

PENDANT L'ANNÉE

- Cuisinez une pizza avec les élèves. Succès assuré ! Les élèves peuvent même faire goûter leur chef-d'œuvre aux camarades des autres classes.
- Invitez un chef cuisinier en classe et demandez-lui de décrire comment et de quoi est faite la pizza. Pourquoi certains cordons-bleus la lancent-ils dans les airs ?
- Invitez une personne d'origine italienne pour faire découvrir différentes variétés de pizzas à vos élèves. Si cela n'est pas possible, qu'à cela ne tienne : déguisez-vous en « Da Giovanni » et jouez la comédie !
- Demandez aux élèves de préparer une pizza pour leurs parents au cours de la fin de semaine. Ces derniers sont généralement très ouverts à cette façon de rendre les enfants plus autonomes.
- Demandez aux enfants de faire une recherche sur l'origine de la pizza.

Il peut sembler contraire à la mission éducative d'une institution d'enseignement d'apprendre aux jeunes à faire de la pizza. Cependant, leur apprendre à cuisiner, surtout ce qu'ils aiment, les rendra fiers de « mettre la main à la pâte ». Ils pourront faire preuve d'initiative et de créativité en inventant différentes sortes de pizzas. Ils s'ouvriront ainsi à de nouveaux apprentissages.

Le bloc-notes

Petite histoire de la pizza

Ses origines seraient méditerranéennes. Ce mets viendrait des Étrusques et des Grecs, peuples de l'Italie ancienne. Au XVIe siècle, la pizza aurait obtenu une popularité inégalée auprès des visiteurs et ce serait au XXe siècle, après la Seconde Guerre mondiale, que les soldats américains seraient revenus d'Italie, pizza et cœur au ventre !

À LA FIN DE L'ANNÉE

Organisez un festin pour que les enfants se souviennent des apprentissages faits durant l'année. Rendez cette expérience plus exotique en faisant livrer une nouvelle sorte de pizza. Vous leur apprenez ainsi à demeurer ouverts à de nouveaux goûts, à d'autres cultures. Assurez-vous cependant que ce soit une pizza qui leur plaise pour qu'ils aient un avant-goût positif de l'avenir. L'année qui vient leur apportera plusieurs connaissances et leur ouvrira d'autres horizons !

La station d'énergie

Nous insistons souvent sur le fait qu'il faut bien s'alimenter pour avoir l'énergie nécessaire afin de bien apprendre et de poursuivre nos activités. Comme la voiture a besoin de carburant, notre corps a besoin de nourriture. Mais notre niveau d'énergie ne dépend pas seulement de notre alimentation. L'état d'esprit peut aussi jouer un grand rôle dans le fait de se sentir énergique ou non. Par exemple, pour prendre des décisions éclairées, il faut que notre niveau d'énergie soit équilibré : ni trop haut ni trop bas. Ce n'est pas le temps d'entreprendre de grands projets si on se sent fatigué ou découragé. Plus encore, il faut savoir comment faire le plein d'énergie ! Cette activité vise à aider les enfants à mieux connaître leur énergie et à être plus conscients de la manière de rétablir l'équilibre.

AU DÉBUT DE L'ANNÉE

Commencez l'année en demandant aux enfants ce que l'on peut faire pour éviter que la voiture de leurs parents tombe en panne. Ils diront qu'il faut y mettre de l'essence. L'essence produit l'énergie dont l'automobile a besoin pour avancer et c'est dans les pompes d'une station-service qu'on peut la trouver. Tentez ensuite de découvrir avec les enfants ce qui peut procurer de l'énergie à notre corps. La nourriture sera sûrement une de leurs réponses. Dites-leur qu'ils ont bien raison de nommer la nourriture, mais qu'il existe plusieurs autres sources d'énergie et qu'ils les découvriront tout au long de l'année scolaire. Annoncez-leur alors que cette année, il y aura une station d'énergie qui les aidera à éviter les pannes. Vous les inviterez à construire un réservoir (comme les pompes d'une station d'essence) que vous appellerez « la station d'énergie ». Nous vous suggérons d'utiliser une grosse boîte que vous décorerez et à laquelle vous fixerez un boyau et un pistolet d'arrosage. Cette station pourra être installée dans un corridor de l'école ou dans la classe. Elle leur servira de rappel tout au long de l'année et leur permettra, par un geste symbolique, de refaire le plein d'énergie lorsque ce sera nécessaire.

PENDANT L'ANNÉE

Amenez vos élèves à être conscients de leur niveau d'énergie et des façons de faire le plein. Insistez sur le fait qu'il y a plusieurs façons de remplir son réservoir d'énergie ! L'important, ici, est de les amener à prendre conscience que lorsque leur réservoir est vide, ils ne voient plus les choses de la même façon. Il faut apprendre à reconnaître ce qui nous vide et ce qui nous remplit, et c'est lorsque nous sommes vraiment conscients de nous-mêmes que nous pouvons contrôler notre énergie.

Dans plusieurs écoles, le service de petits déjeuners est offert afin de s'assurer que les enfants aient tous pris un bon repas. Un ventre qui crie famine vide rapidement un réservoir d'énergie ! Profitez-en pour discuter avec eux de l'importance de bien se nourrir en respectant les quatre groupes du *Guide canadien de la saine alimentation et de l'activité physique.*

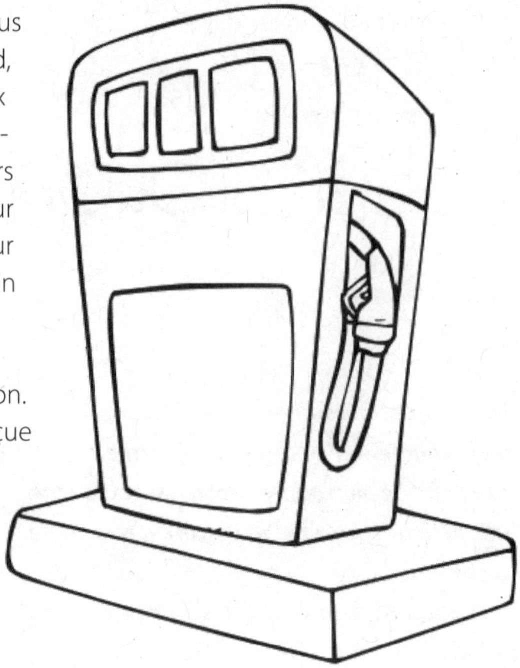

S'impliquer dans ses apprentissages et fournir de l'effort nous amène souvent à vivre des réussites. Qu'il soit petit ou grand, le succès est une grande source d'énergie. On se sent heureux et léger lorsqu'on est fier du travail accompli. Vous pouvez inviter les enfants à noter leurs réussites sur de petits réservoirs **(voir fiche 2-a en annexe)** qu'ils pourront colorier et coller sur le coin de leur bureau. Ils pourront relire ce qu'ils ont inscrit sur le réservoir, et le souvenir de ces réussites entraînera un regain d'énergie.

Le mot « spiritualité » ne fait pas seulement référence à la religion. On peut prier, mais la spiritualité doit également être conçue comme un temps d'arrêt, un moment pour contempler les belles choses de la vie, comme un arc-en-ciel ou un ciel étoilé, l'occasion de remercier quelqu'un ou de s'entraider. Demandez aux enfants quelles sont les émotions qu'ils ressentent lorsqu'ils aperçoivent un arc-en-ciel ou un nouveau-né. Ils vous nommeront probablement des émotions qui s'apparentent au bien-être et à la sérénité. Expliquez-leur alors que le simple fait de ressentir ces émotions contribue à faire monter le niveau d'énergie.

Pour faire suite à l'activité du réservoir d'essence, les enfants installent sur leur bureau une image représentant le tableau indicateur du niveau d'essence d'une voiture. À l'aide d'une flèche pivotante, ils indiquent où se situe leur niveau d'énergie **(voir fiche 2-b en annexe)**. Celui-ci peut varier en cours de journée selon les événements vécus par les enfants. Lorsque vous vous apercevez qu'il descend très bas, demandez-leur de trouver des moyens de faire le plein, par exemple de se rappeler de beaux souvenirs, de ressortir des travaux qu'ils sont fiers d'avoir réalisés, de dire bonjour à quelqu'un... Il serait important aussi d'énumérer les facteurs qui peuvent faire baisser leur niveau d'énergie. Posez-leur des questions comme : « Qu'est-ce qui vide ton réservoir ? », « Comment te sens-tu et comment agis-tu quand ton réservoir est vide ou presque vide ? » ou « Comment s'assurer de garder ton réservoir plein ? ».

Vous pouvez créer une nouvelle station, que vous nommerez « la station des relations ». Encouragez les élèves à exprimer ce qui est plaisant dans leurs relations avec les autres. Être de bonne humeur ou côtoyer des personnes qui le sont, bien s'entendre avec les autres, rendre service, tenir la porte à quelqu'un, aider papa ou maman, aider un ami en classe ne sont que quelques-unes des réponses que vos élèves pourraient donner. Inscrivez-les sur des fiches que vous collerez sur la station des relations.

Par la suite, les élèves offrent des services inscrits sur des petits « papillons adhésifs » (Post-it) qu'ils collent sur leur station ou sur celle de la personne à qui leur offre s'adresse. Voici un exemple de ce que vous pourriez lire sur ces offres : « Si tu as besoin d'un ami, viens voir... », « Si tu as besoin d'une oreille, compte sur... », « Si tu as besoin d'aide... », « Si tu cherches quelqu'un pour marcher avec toi jusqu'à la maison, demande à... », etc. Certains élèves pourraient aussi faire des demandes, par exemple : « Je cherche quelqu'un qui pourrait m'aider en français. » N'oubliez pas de questionner les enfants pour qu'ils puissent bien cerner les personnes qui les aident à remplir leur réservoir. Faites-leur remarquer que le fait de remercier ces gens remplit non seulement notre réservoir, mais ajoute aussi de l'énergie dans le réservoir de ceux-ci.

À LA FIN DE L'ANNÉE

Réalisez avec vos élèves un immense collage mural qui représente tout ce qui peut remplir nos réservoirs d'énergie. Ce collage pourrait être affiché dans un corridor de l'école. Son dévoilement pourrait se faire lors d'un repas-partage où chaque élève apporterait un plat. Profitez-en pour faire un retour sur les points positifs de l'année et pour apprécier les derniers moments passés ensemble.

Remettez à chaque élève une carte personnalisée dans laquelle il pourrait être écrit : « J'espère t'avoir aidé à remplir ton réservoir de belles connaissances et de merveilleuses expériences. Continue d'y faire des ajouts afin qu'il ne se vide jamais. Bon été ! » **(Voir fiche 2-c en annexe.)**

La planche à roulettes

Ici, le but visé est de conscientiser les élèves au fait que le rythme d'apprentissage diffère pour chacun et que nous n'apprenons pas tous à la même vitesse. Lorsque nous rencontrons un obstacle, il ne faut pas lâcher prise! Comme l'entraînement à la planche à roulettes, l'apprentissage exige de suivre des étapes précises, de s'exercer et de considérer les erreurs comme autant d'occasions d'apprendre et de s'améliorer.

AU DÉBUT DE L'ANNÉE

La journée avant de présenter votre technique, demandez aux élèves qui possèdent une planche à roulettes de l'apporter à l'école, avec leur équipement de protection. (Bien spécifier que seulement ceux qui en possèdent *déjà une* doivent l'apporter.)

Pour ajouter un peu de piquant, le jour de la présentation, portez des vêtements à la mode des jeunes qui pratiquent ce sport (pantalon à taille basse, grand chandail, casquette, etc.). Les élèves trouveront votre accoutrement très drôle, ils riront de vous voir habillé ainsi et la curiosité fera son entrée!

À l'aide d'une radio portative, faites jouer en sourdine une pièce de musique rap. Donnez aux élèves le temps d'exprimer leurs impressions et de soumettre des questions. Pour piquer leur curiosité, posez les questions suivantes: «Que faites-vous lors d'un découragement?», «Avez-vous des stratégies en place pour régler vos difficultés à maîtriser une matière?», «Quels sentiments vous envahissent lorsque vous croyez être seul à ne pas comprendre la leçon enseignée?». Augmentez ensuite le volume de la radio. Au son de la musique, demandez aux élèves de vous suivre avec les planches à roulettes.

Entraînez vos élèves vers l'extérieur. Maximisez le volume de la radio! Laissez les jeunes s'amuser pendant un moment. Jumelez les élèves qui n'ont pas de planche avec ceux qui en ont une. (Assurez-vous bien sûr qu'ils portent leurs accessoires de protection.) Posez ensuite la question suivante: «Combien d'entre vous savez utiliser une planche à roulettes?» Laissez quelques jeunes vous démontrer leurs prouesses ou quelques trucs. Demandez-leur qu'ils «enseignent» leurs techniques à un autre élève, en spécifiant bien qu'ils devront d'abord leur montrer comment se tenir debout sur la planche et garder son équilibre. N'oubliez surtout pas que certains élèves montent peut-être sur une planche pour la première fois! Poursuivez comme ceci: «Quelle technique avez-vous employée pour enseigner?» L'enfant expliquera spontanément qu'il est allé étape par étape, en démontrant comment placer les pieds en tenant l'autre pour l'encourager et l'empêcher de tomber. «Comment vous sentiez-vous lorsque vous avez monté sur la planche pour la première fois?» (Aviez-vous peur? Étiez-vous nerveux?) Expliquez à vos élèves qu'il n'est pas nécessairement évident de faire de la planche à roulettes, surtout s'ils n'en ont jamais fait.

Comparez maintenant cette activité à l'apprentissage. Par quelle étape commençons-nous pour apprendre ce sport? Il faut tout d'abord rester en équilibre sur la planche. Après, il est nécessaire de rester en équilibre sur la planche qui roule. Il faut aussi apprendre à arrêter, à tourner, etc., et c'est avec beaucoup de pratique que nous devenons meilleurs. C'est la même chose pour l'apprentissage. Il faut être bien assis afin de bien se concentrer et écouter. Il faut prendre des notes, poser des questions, vérifier notre compréhension, faire nos devoirs, étudier lors des évaluations, téléphoner à « Allô Prof » (1 888 776-4455), etc. Comme lorsque nous apprenons à faire de la planche à roulettes, nous pouvons demander de l'aide de nos amis ou de nos camarades de classe pour obtenir des trucs et des techniques afin de nous aider à comprendre la matière. Lorsque nous avons de la difficulté, il ne faut pas nous gêner. Il ne faut pas non plus nous sentir humiliés lorsque nous demandons de l'aide, car nous apprenons tous différemment.

Lorsque nous tombons de la planche, que faisons-nous ? Nous nous relevons et nous recommençons. De la même manière, l'enfant qui apprend à marcher devra probablement s'exercer longtemps avant de réussir. C'est la même chose pour l'apprentissage. Il ne faut pas lâcher prise ! Nous deviendrons toujours meilleurs, comme avec la planche à roulettes !

PENDANT L'ANNÉE

- Créez une activité pour trouver certaines stratégies pour mieux se concentrer, se mettre au travail ou faire ses devoirs. Inscrivez ces stratégies sur des photocopies de l'affiche intitulée *Pour que tout roule plus facilement !* Placez cette affiche dans un endroit visible et facile d'accès pour que les enfants puissent s'y référer au besoin. **(Voir fiche 3-a en annexe.)**

- Invitez des élèves des niveaux supérieurs ou des anciens élèves de l'école à venir vous enseigner leurs trucs et à démontrer leur habileté sur la planche à roulettes.

- Invitez un policier à parler de la sécurité et des lois concernant la planche à roulettes.

- Lancez un concours d'illustrations ou de slogan livrant un message associé à ce qui a été appris par cette technique (par exemple : « Je ne lâche pas ! »). Afin de récompenser les gagnants, l'enseignant reproduira le dessin ou le message choisi sur des feuilles de papier autocollant (que l'on peut se procurer dans une papeterie ou dans une imprimerie). Remettez-leur ces collants comme récompense, ils pourront les apposer sur leur planche à roulettes.

- Avec la permission de la direction, faites un graffiti sur un mur de l'école portant le message gagnant du concours mentionné auparavant. À défaut de peindre directement sur un mur, vous pouvez réaliser ce graffiti sur un carton grand format que vous afficherez à l'entrée de l'école.

- Demandez à des parents bénévoles de venir aider les jeunes à bâtir un miniparc de planche à roulettes avec des élévations et des obstacles. Chaque classe pourra l'utiliser lors d'activités spéciales ou pendant les récréations. Demandez aux enfants de questionner les adultes sur leur mode d'apprentissage à l'école. Apprenaient-ils rapidement, avec facilité ou avec difficulté ? Se sont-ils découragés ? Quels étaient leurs trucs pour persévérer ?

- Invitez une personne qui pourra enseigner comment remonter une planche à roulettes et organisez un concours pour trouver la personne qui peut remonter la sienne le plus rapidement. Demandez à l'invité d'insister sur le fait qu'il ne faut jamais lâcher prise.

- Écoutez de la musique rap en classe lors des travaux appliqués ou à la récréation. Elle constituera un ancrage puissant pour aider les élèves à se remémorer les apprentissages qu'ils auront faits auparavant.

- Achetez des miniplanches à roulettes conçues pour les doigts qui se vendent dans les grandes surfaces. Vous pouvez utiliser ces jouets comme privilège ou à la récréation. Utilisez-les comme autant de symboles de la nécessité de persévérer.

À LA FIN DE L'ANNÉE

Invitez un groupe professionnel de planche à roulettes à faire une prestation dans votre école. Demandez au groupe de raconter la manière dont il s'est formé. Ses membres ont-ils rencontré certains obstacles à la réalisation de leur projet ? Comment faisaient-ils pour demeurer motivés lors des moments plus difficiles ?

Comme voyage de fin d'année, allez dans un parc de planche à roulettes et amusez-vous ! À la fin de cette journée, organisez le tirage d'une planche à roulettes et d'un équipement de protection. Remettez le prix au gagnant en rappelant à tous les élèves présents de ne jamais lâcher !

L'effet boomerang

Le sourire appelle le sourire, la bonté attire la bonté, les bonnes actions portent leurs fruits. Le but de cette activité : conscientiser l'élève au fait que les bons gestes génèrent habituellement des conséquences positives et qu'ils sont toujours « payants » pour ceux qui les font.

AU DÉBUT DE L'ANNÉE

Arrivez en classe avec un boomerang. Demandez aux jeunes s'ils connaissent cet objet. Le boomerang est une pièce de bois courbée. Il a été inventé par les aborigènes d'Australie. À l'origine arme de jet qui présentait la particularité de revenir à proximité de celui qui le lance, le boomerang est aujourd'hui devenu un jeu que plusieurs apprécient. Le but du jeu est de le lancer de telle manière qu'il revienne à son point de départ. Cependant, il est nécessaire de maîtriser une technique très précise pour réussir, et pour devenir un pro il faudra beaucoup de pratique.

Conduisez les enfants à l'extérieur. Expliquez-leur la technique du lancer. Laissez-leur la chance de découvrir et de s'exercer un peu, chacun leur tour. Demandez aux plus habiles d'aider les autres et de leur donner leurs trucs. Laissez les élèves s'amuser pendant un moment tout en encourageant ceux qui ont plus de difficulté. Lorsque tous les élèves semblent un peu plus à l'aise, faites des compétitions entre eux afin de nommer un grand champion du boomerang.

Ensuite, rassemblez-vous et discutez de ce qui s'est passé pendant cette activité, des techniques enseignées et de leurs découvertes quant à leurs habiletés à manier le boomerang.

Faites ensuite un parallèle entre l'effet boomerang (qui revient toujours à proximité de son point de départ) et l'effet des gestes positifs et des bonnes actions.

Amorcez une discussion sur les effets des bonnes actions en prenant comme premier exemple ce qui s'est passé avec le boomerang. Félicitez ceux qui ont aidé leurs pairs à améliorer leur technique et expliquez-leur que cette aide est un bon exemple de bonne action. Enchaînez ensuite avec d'autres réflexions sur le sujet : « Qu'est-ce qu'une bonne action ? Pourquoi en accomplissons-nous ? Sommes-nous fiers d'agir ainsi ? Qu'est-ce que ça nous donne en retour ? » Laissez les élèves s'exprimer pendant un moment. Expliquez ensuite qu'en général un beau geste en attire un autre. Comme le boomerang, l'effet de notre bonne action nous revient toujours. Il se peut que le retour soit immédiat ou à plus long terme. Par ailleurs, il en va de même pour les comportements négatifs comme crier des injures, se battre ou être impoli. Souvent, nous pensons que ces gestes sont gratuits, mais ils peuvent facilement nous revenir.

Expliquez ensuite que le même *pattern* se produit pour les efforts que l'on déploie pour réaliser une activité ou un travail. Par exemple, plus on met d'effort pour accomplir un travail, plus on aura de temps libre rapidement. Plus on s'applique, plus on récolte de bons résultats. Plus on pose de comportements positifs envers les autres, plus on récolte de relations harmonieuses. Demandez aux élèves de partager diverses situations, positives ou négatives, où l'effet boomerang s'est fait sentir.

Pour terminer l'activité, suggérez aux élèves d'organiser un tableau d'objectifs boomerang pour la classe. Ce tableau encouragera les élèves à faire de bonnes actions et à réaliser davantage quel est l'effet de leurs gestes. Laissez les élèves créer eux-mêmes le tableau. La seule contrainte est qu'il devra comprendre deux colonnes. Mettez du matériel de bricolage à leur disposition. Lorsque le tableau est terminé, inscrivez, dans la colonne de gauche, l'objectif de la semaine, que vous choisirez tous ensemble. De l'autre côté, écrivez « l'effet boomerang » qui s'ensuivrait normalement. Par exemple : « Objectif : Je m'applique dans mes travaux en classe. Effet boomerang : J'aurai du temps libre en classe pour pouvoir dessiner, lire, terminer d'autres travaux, etc. » Inventez un titre à votre tableau.

PENDANT L'ANNÉE

- Fabriquez une grande affiche sur laquelle sera représenté un boomerang **(voir fiche 4-a en annexe)**. Inscrivez la phrase « Attention, ça revient toujours ! » au-dessus et affichez-la à l'entrée de votre classe ou à tout autre endroit significatif choisi par les élèves.

- Jouez au jeu du téléphone. Demandez aux élèves de s'asseoir en cercle. Chuchotez un mot doux dans l'oreille de votre voisin de droite. Ce dernier devra dire le même mot à son voisin de droite, et ainsi de suite. En bout de ligne, le dernier participant devrait dire le même mot doux à voix haute. Discutez de ce qui arrive lorsque l'on se répète ainsi des mots doux.

- Organisez une séance d'improvisation « effet boomerang ». Demandez aux enfants d'inventer une série de thèmes d'improvisation qu'ils inscriront sur un bout de papier. Inventez aussi des thèmes comme « Princesse-politesse », « Des mots doux pour Minou » ou « Les pros du geste beau ». Ajoutez quelques thèmes un peu plus négatifs de votre cru. Placez tous les thèmes dans un chapeau. Dans un autre chapeau, mettez une série de petits papiers comportant chacun un chiffre entre 1 et 5. Il s'agira du nombre de joueurs invités à participer. Quand tout est prêt, pigez un thème et un chiffre, demandez des volontaires et lancez l'improvisation. Lorsque la saynète se déroule bien, criez : « Boomerang ! » Pigez un autre chiffre et changez de joueurs. Les nouveaux joueurs devront alors choisir entre piger un autre thème ou trouver eux-mêmes une autre bonne action pour enchaîner et créer un autre effet positif. Attention cependant de ne pas tomber dans le cafouillage. Le jeu se termine lorsque tous les élèves ont joué. Commentez ensemble les saynètes auxquelles vous aurez assisté.

- Employez des expressions comme « Sprint boomerang ! » ou « Moment boomerang ! » pour stimuler vos élèves. Par exemple, expliquez à vos élèves que l'expression « Sprint boomerang ! » signifie que s'ils terminent rapidement leur travail ils pourront aller à la récréation cinq minutes plus tôt. Amusez-vous à lancer toutes sortes de défis de ce genre à vos élèves.

- Composez tous ensemble l'histoire d'une personne ou d'un animal qui a fait un geste positif qui lui a été rendu par la suite. Préparez une petite saynète que vous présenterez à toute l'école. Demandez aux plus jeunes d'illustrer l'histoire. Fabriquez ensuite un petit livre et exposez-le à la bibliothèque.

- Donnez un devoir aux parents. Ils doivent écrire le récit d'une bonne action qu'eux-mêmes ont posée et qui leur est revenue par la suite. L'enfant lira ce récit à la classe et tous pourront le commenter. Notez que vous pourriez plutôt demander aux parents d'écrire une bonne action que leur enfant a posée.

À LA FIN DE L'ANNÉE

Donnez un boomerang à chacun de vos élèves. Vous pouvez vous en procurer dans les boutiques à un dollar. Chacun est responsable de décorer son boomerang selon ses goûts. Organisez ensuite une petite fête pour souligner les efforts que tous les élèves auront faits pendant l'année. À la fin de la fête, chaque élève pige le nom d'un autre élève à qui il offre son boomerang en souvenir. Si vous préférez, vous pourriez plutôt laisser à chacun le boomerang qu'il aura décoré.

Le bloc-notes

Un sou neuf

Déposez un sou noir, un cinq sous, un 10 sous, un 25 sous, un dollar, un deux dollars et un 20 dollars bien en vue. Posez ensuite la question suivante : « Si vous aviez un seul choix à faire, que prendriez-vous ? » Évidemment, ils prendraient tous le 20 dollars : il vaut beaucoup plus que les pièces !

Expliquez-leur que lorsque l'on arrive à l'école, on est un peu comme un sou noir. On a peu de connaissances, peu d'acquis. On ne sait ni lire ni écrire, mais au fur et à mesure qu'on développe des compétences, on fait et on sait plus de choses. On lit un livre soi-même, on s'informe dans les journaux, on calcule le coût d'un ensemble de choses. On augmente donc ses capacités.

Ainsi, chaque fois que les enfants verront une pièce de monnaie ou un 20 dollars, ils établiront un lien avec les apprentissages qu'ils font. Plus ils en ajoutent, plus ils prennent de la valeur.

Le sac à surprises

Les enfants adorent les surprises. Dès qu'on leur fournit un sac à surprises, des étoiles s'allument dans leurs yeux et ils deviennent fébriles.

Voici une activité qui, à l'aide d'un sac à surprises bien spécial, va leur permettre de découvrir différentes façons de s'engager dans l'amélioration de leurs compétences, leurs habiletés et leurs attitudes… dans le plaisir!

AU DÉBUT DE L'ANNÉE

Préparez un sac vraiment spécial. Il doit émerveiller les enfants, les faire rire par sa couleur, sa grosseur et son originalité. Il contient de petits défis que vous pigez et lisez. En début d'année, écrivez des choses simples, amusantes, qui favorisent les rapprochements et la connaissance des autres. Cette activité doit être associée au plaisir afin de maintenir l'intérêt des enfants, puisque vous l'utiliserez toute l'année.

Voici quelques **exemples de défis** que vous pourriez enfouir dans votre sac:

> *Vous avez 15 secondes pour chatouiller votre voisin(e).*

> *Sautez sur place pendant 30 secondes et arrêtez immédiatement à mon signal.*

> *Chantez tous* Frère Jacques.

> *Échangez une chaussure avec un ami.*

> *Venez tous, à tour de rôle, écrire votre nom au tableau. Le plus rapidement possible!*

> *Vous avez une minute pour aller rencontrer une nouvelle personne et vous informer de son été.*

> *Partagez, avec un(e) ami(e), une chose très spéciale qui vous est arrivée durant l'été.*

> *Questionnez le plus grand nombre de personnes possible pour découvrir une chose qu'elles aiment à l'école; vous avez 90 secondes.*

Insérez également des questions qui vous amènent à mieux connaître leur famille, l'endroit où ils habitent, leurs intérêts particuliers. Glissez certaines questions de culture générale, avec des choix de réponses humoristiques, comme:

> *Qui est Britney Spears?*

A. une chanteuse populaire
B. une actrice
C. une vendeuse chez Zellers

PENDANT L'ANNÉE

- Réutilisez le sac à surprises plusieurs fois durant l'année. Ajoutez-y des questions à développement sur leur histoire personnelle, sur leurs désirs, leurs craintes et leurs fiertés, mais glissez-y également des défis amusants et courts. Par exemple, utilisez-le en début de journée pour que chaque enfant se choisisse un objectif individuel. Ce peut également être un objectif pour l'ensemble de la classe. Faites-les piger eux-mêmes. À l'intérieur du sac, mettez des papiers sur lesquels on lit, par exemple :

  > *Aujourd'hui, je suis attentif.*

  > *Aujourd'hui, j'arrive à l'heure et je suis prêt à travailler dès que la cloche sonne.*

  > *Aujourd'hui, je pose des questions lorsque je ne comprends pas.*

  > *Aujourd'hui, je soigne mon écriture.*

  > *Aujourd'hui, j'aide une personne.*

  > *Aujourd'hui, je découvre une nouvelle qualité d'un ami.*

  > *Aujourd'hui, pendant la récréation, je vais parler à un professeur à qui je n'ai jamais parlé.*

  > *Aujourd'hui, j'arrive plus rapidement à l'autobus.*

- Insérez des points stimulants auxquels vous tenez. Un vendredi après-midi, s'il reste 15 minutes, sortez le sac à surprises. Les enfants en seront heureux et repartiront l'esprit léger. Sortir le sac à surprises doit signifier qu'il est temps de s'amuser et de mieux se connaître. Mettez-y toutes sortes d'activités que l'on peut faire très rapidement. Par exemple :

  > *Assoyez-vous chacun sur votre pupitre. (Une fois assis, pigez une seconde fois.)*

  > *Aiguisez rapidement un crayon.*

  > *Écrivez « Merci » sur un bout de papier et remettez-le à une personne dans la classe à qui vous souhaitez dire « Merci ». Dites-lui la raison de ce remerciement.*

  > *Applaudissez pendant 20 secondes pour vos efforts fournis cette semaine. Vous pouvez vous dire « Bravo ! », « Youpi ! ». Faites comme si vous veniez de gagner une médaille aux Jeux olympiques. Montrez votre fierté.*

  > *Dansez tous pendant une minute sur la musique que voici ! (Incluez-vous dans la danse !)*

  > *Allez tous faire un grand dessin au tableau.*

  > *Jouez à saute-mouton. (Les enfants forment deux rangées. Demandez-leur de se pencher et de poser les mains sur leurs genoux. Ensuite, deux enfants sautent par-dessus chaque rang. Toute activité ludique qui implique le toucher va amener beaucoup de plaisir aux jeunes et va créer un rapprochement entre eux.)*

  > *Donnez-moi des idées d'activités pour rendre la fête des Mères plus plaisante. (Même chose pour la fête des Pères ou pour d'autres activités ponctuelles durant l'année.)*

- Les suggestions doivent être originales et différentes pour maintenir leur fascination pour cette activité. Vous pourriez également en instaurer certaines avec le sac. Par exemple, vous pourriez faire circuler le sac pendant que les élèves récitent une formule comme : « Le sac va se promener, celui qui va en hériter devra piger et s'exécuter. » La personne qui a le sac en main lorsque la formule est terminée doit piger et faire seule ce qu'il y a d'écrit sur le papier. Par exemple :

> *Trouve un mouvement à faire faire à tous.*

> *Fais un compliment à une personne.*

> *Dis une chose que tu aimerais faire durant l'année.*

À LA FIN DE L'ANNÉE

Ressortez le sac et misez sur des questions plus précises par rapport à l'ensemble de l'année :

> *Qu'est-ce qui t'a fait le plus rire cette année ?*

> *De quoi es-tu le plus fier ?*

Demandez à chaque élève d'écrire une suggestion d'activité à faire pendant l'été et de la mettre dans le sac. Ensuite, mélangez les idées. Chaque élève pige alors un des papiers. Ainsi, il a droit à une suggestion à laquelle il n'a peut-être pas pensé. Chacun sent alors sa contribution en suggérant une option vraiment très excitante à faire pour l'été. De plus, il est amené à devenir proactif par rapport à la création de choses intéressantes à faire pour rendre ses vacances plus agréables. Si vous maintenez cette activité du sac à surprises, il y a de bonnes chances que les enfants génèrent des projets et des idées d'activités à l'image du plaisir qu'ils ont eu pendant l'année à utiliser ce sac.

Encore une fois, mettez l'accent sur le plaisir, sur ce que le jeune a aimé, sur ses réalisations, sur ce qui l'a marqué de façon positive. Insistez sur une chose qu'il aimerait faire cet été, ce qui l'excite le plus par rapport aux vacances ou ce qu'il aimerait réaliser sous le soleil.

Le PC

Il est important que les élèves s'amusent en apprenant et en venant à l'école. Toutefois, il ne faut pas que le plaisir prenne toute la place ! Un équilibre entre le plaisir et le contrôle est toujours utile. Voici une technique qui permettra à l'enfant de mieux contrôler ses impulsions : il s'agit de la technique du PC (dans laquelle le P représente le Plaisir et le C, le Contrôle).

AU DÉBUT DE L'ANNÉE

En début d'année, regroupez tous les élèves au gymnase pour une communication importante de la part du directeur. Une fois que les élèves sont attentifs et qu'il a commencé à parler, une personne déguisée en clown entre dans le gymnase et perturbe le déroulement de l'assemblée. Il court partout, fait rire les élèves, parle en même temps que le directeur, s'assoit parmi les enfants... Il faut que le grand dérangement dure assez longtemps pour faire comprendre aux enfants que c'est très désagréable ! Pendant ce temps, les enseignants tentent d'intervenir pour faire arrêter le clown et calmer les élèves, mais ça ne fonctionne pas. Entre alors en jeu un policier. Vous pouvez demander au policier-éducateur de se joindre à vous pour cette intervention. En utilisant son sifflet ou en lui passant les menottes, le policier réussit à calmer le clown. Il s'avance alors avec le clown à l'avant, où ils vont retrouver le directeur. Les élèves seront certainement curieux de voir ce que le directeur fera comme intervention auprès du clown. C'est à ce moment que le message du PC sera transmis aux élèves. C'est très important de le faire immédiatement car, pour qu'il y ait ancrage, l'émotion doit être encore assez présente. Expliquez aux élèves la raison de la présence du clown et du policier. Le clown représente le P du plaisir. Quand on s'amuse démesurément, cela peut devenir désagréable pour les autres. Le policier représente le C du contrôle. Il rappelle qu'il faut savoir gérer ses impulsions, ses émotions et ses actions.

Vous pourriez par la suite fournir l'explication suivante aux élèves : « Le PC (Plaisir-Contrôle) vous aidera à vous amuser tout en gardant une bonne dose de contrôle sur la situation. Il vous amènera aussi à déterminer quand vous pouvez choisir le P et quand il faut choisir le C. Vous avez tous un PC en vous. Pendant l'année, vous serez constamment amenés à choisir entre les deux. »

On peut s'amuser et avoir du plaisir tout en gardant le contrôle. Pour démontrer clairement cet équilibre entre le plaisir et le contrôle, le directeur invite le clown à présenter un court numéro structuré dans lequel il serait permis de rire et de s'amuser de façon que ce soit agréable pour tous. Par la suite, le clown s'assoit et écoute calmement les annonces du directeur.

Utilisez ce code le plus souvent possible, et ce, afin de vous assurer que l'ancrage se fasse efficacement chez les élèves. Par exemple, avant une sortie, un rassemblement ou une activité, demandez aux enfants s'ils utiliseront le P (plaisir) ou le C (contrôle).

PENDANT L'ANNÉE

- Reproduisez l'illustration intitulée « Nous avons tous un PC » **(voir fiche 6-a en annexe)** et invitez vos élèves à la colorier afin de l'afficher dans votre classe ou dans un corridor de l'école.

- Vous pouvez mentionner le PC de temps à autre dans le carnet de route. Si un enfant n'a pas fait ses devoirs, s'il n'a pas remis ses travaux à temps ou s'il a eu un mauvais comportement, demandez-lui ce qu'il a utilisé, le P ou le C ? Que pourrait-il faire pour améliorer son utilisation du C ?

- Joignez-vous au policier-éducateur pour renforcer le C (contrôle) du PC. En interagissant avec ce dernier sur des sujets tels que le contrôle de soi, les conséquences de ses actions et la discipline, il sera plus intéressant pour les élèves de développer le C en eux.

- Lors de chaque activité de classe qui demande un encadrement moins rigide, par exemple les travaux d'équipe et les sorties culturelles ou récréatives, faites référence au PC afin que les élèves n'oublient pas l'importance de se contrôler afin que l'activité soit agréable et qu'elle constitue un moment de plaisir pour tous.

- Vous pouvez assurer une répétition presque perpétuelle de ce message si vous suggérez aux élèves de repenser à leur PC interne chaque fois qu'ils se retrouveront devant un PC (ordinateur personnel).

- À certains moments pendant l'année scolaire, envoyez le message suivant par courriel à chacun des élèves dont vous possédez l'adresse électronique : « Tu es devant ton PC ? N'oublie pas le PC ! »

- L'expression PC est déjà familière pour les jeunes et représente évidemment l'ordinateur, lequel, on le sait, est associé à beaucoup de plaisir. Profitez de cet automatisme pour les amener à réfléchir sur leur consommation de P et de C devant leur PC ! Passent-ils trop de temps à clavarder ? Le P (plaisir) prend-il toute la place ? Est-ce que leur C (contrôle) devrait intervenir plus souvent ?

À LA FIN DE L'ANNÉE

Faites des liens avec les années à venir, les études supérieures, la vie de famille, l'engagement dans un sport, etc. Insistez sur le fait que les élèves auront besoin de leur PC toute leur vie.

Vous pourriez également remettre aux élèves un certificat signé par vous-même, le directeur ou le policier-éducateur félicitant les élèves qui utilisent bien leur PC **(voir fiche 6-b en annexe)**. L'ordinateur étant tellement populaire chez les jeunes, on peut également faire le certificat en imprimant un écran d'ordinateur et en inscrivant : « Surveille ton PC pour un maximum de plaisir ! »

Notre drapeau

Les peuples utilisent différents symboles pour affirmer leur identité : drapeaux, armoiries, emblèmes, sceaux, etc. Le drapeau possède un grand pouvoir d'évocation ; aussi, on lui accorde généralement beaucoup d'égards, et ce, dans tous les pays. Ce pouvoir évocateur repose sur sa capacité de rassembler une communauté autour d'aspirations communes et de symboliser l'identité même de cette communauté.

Pourquoi ne pas créer un drapeau représentant les intérêts, les rêves et les caractéristiques des élèves de votre groupe-classe ? Voici une activité qui permettra aux élèves d'acquérir un sentiment d'appartenance au groupe, et ce, tout en leur conférant un sentiment de fierté d'appartenir à ce groupe.

AU DÉBUT DE L'ANNÉE

Présentez différents drapeaux aux élèves et demandez-leur ce que signifient leurs couleurs ou leurs symboles. Vous pourriez leur assigner un drapeau au hasard et leur demander de faire une recherche dans Internet ou dans des livres de référence pour en trouver la signification, qu'ils présenteront ensuite à la classe. Ce serait intéressant qu'il y ait le drapeau du Canada, celui du Québec (ou de la province où vous enseignez) et aussi celui de l'école (s'il y en a un). N'hésitez pas pour inclure des drapeaux de pays plus ou moins connus d'eux, mais également des drapeaux adoptés par diverses entreprises et organisations internationales.

Dites aux enfants qu'ils vont créer un drapeau représentant les couleurs de la classe. Faites ressortir avec eux ce qui les caractérise et demandez-leur de nommer ce qu'il pourrait y avoir comme symboles, couleurs ou éléments représentatifs sur leur drapeau.

Lors des premières semaines de cours, chaque classe élabore ainsi son drapeau. Fixez un moment pour faire la cérémonie officielle de dévoilement des drapeaux. Pour la confection des drapeaux, utilisez un manche à balai ainsi qu'un morceau de tissu. Les magasins ont souvent des retailles de tissu que vous pouvez vous procurer pour quelques dollars. Il ne restera plus qu'à y peindre les éléments choisis par les élèves avec de la peinture pour tissu ou à y coudre des symboles découpés dans des retailles de tissus de couleur différente.

PENDANT L'ANNÉE

- Lors de chaque rassemblement en grand groupe, les classes apportent leur drapeau. Un élève pourrait être nommé porte-étendard.

- S'il y a un petit journal dans l'école, les textes des élèves pourraient être accompagnés du drapeau de leur classe.

- Vous pourriez fabriquer de petites reproductions du drapeau de la classe et les insérer dans des petits plastiques (de style étiquette-nom) à épingler sur vos vêtements. Lors des sorties, les élèves pourraient s'identifier en portant fièrement leur drapeau.

- Vous pourriez aussi faire fabriquer par les enfants de petits drapeaux, à l'aide de bâtons de Popsicles et de carton. Une boule de pâte à modeler pourrait aider à faire tenir ce drapeau miniature debout sur le coin du bureau.

- Effectuez en classe des recherches sur les drapeaux, sur leur signification et leur valeur symbolique.

- Organisez un jeu-questionnaire pour voir qui peut reconnaître le plus de drapeaux de différents pays.

- Instaurez le code du « drapeau blanc », que vous utiliserez pour évoquer la nécessité de faire la paix lors des conflits, des disputes ou des mésententes.

À LA FIN DE L'ANNÉE

Reproduisez sur une feuille 8 ½ " x 11" le drapeau de la classe. Invitez les élèves à le colorier. Par la suite, chaque élève est invité à écrire un message, un souhait ou un bon souvenir de l'année sur le drapeau de chaque élève de la classe, en prenant bien soin de le signer. Ensuite, plastifiez-les et laissez chaque élève partir avec son drapeau décoré.

Le passeport 

Plusieurs enseignants choisissent de maintenir la discipline dans leur classe à l'aide d'un système d'émulation. Cependant, certains enfants doivent obtenir leur récompense dans un très court laps de temps afin de bien fonctionner et de garder leur motivation. Si la récompense est trop lente à venir, ils se découragent et reprennent un mauvais comportement.

Cette technique vise à apprendre à l'enfant à prolonger l'attente de sa récompense. Très souvent, un voyage que l'on planifie depuis longtemps est beaucoup plus apprécié qu'une surprise de dernière minute ! Ainsi, développer chez l'enfant cette attente de la récompense fera en sorte qu'il l'appréciera plus et qu'il mettra les efforts nécessaires pour l'atteindre.

À l'opposé du traditionnel carnet de route, qui ne tient souvent compte que des aspects négatifs, cet outil mise sur le renforcement positif. Il se greffe facilement à tous les systèmes disciplinaires.

AU DÉBUT DE L'ANNÉE

Demandez à vos élèves de se procurer un carnet de la même taille qu'un vrai passeport et dont toutes les pages seront blanches. Insistez sur le format et le contenu réel d'un passeport légal. Sur la page couverture se trouveront le logo ou le nom de l'école, de même que le nom de la classe. La première page visera à développer le caractère personnel du passeport. Soulignez le fait que seul le titulaire du passeport peut l'utiliser. Amenez les enfants à y inscrire certaines informations personnelles : leur nom, leur prénom, leur date de naissance. Collez-y la photo de l'élève et ajoutez-y ses empreintes digitales ! Sur la photo, n'oubliez pas qu'il ne faut pas sourire : en effet, il faut respecter la réalité. Vous pourriez prendre vous-même les photos, en classe. Vous pouvez vous inspirer du modèle proposé à la fin. **(Voir fiche 8-a en annexe.)**

Les pages suivantes vont servir à apposer l'étampe des différents voyages ou activités-récompenses auxquels l'élève participera pendant l'année scolaire.

Nous vous suggérons de choisir une étampe spéciale pour chaque activité ou sortie. Puisque c'est vous qui ferez respecter les règles de classe, c'est vous qui apposerez l'étampe, tout en prenant l'attitude rigide et officielle qui caractérise si bien les officiers des douanes.

La dernière page contiendra les règlements du passeport. Comme les enfants de 17 ans et moins doivent porter un passeport signé d'un parent, les élèves devront faire de même et demander à leurs parents d'apposer leur signature sur leur passeport.

Exemples de règlements entourant l'usage du passeport

> *Ce passeport est la propriété de la classe de ______________.*
> *Un passeport ne peut être utilisé que par son titulaire.*
> *Le titulaire doit en prendre soin.*
> *Ce passeport est valide du ________ au ________.*

PENDANT L'ANNÉE

- Différents projets de classe peuvent être vécus en lien avec le passeport. Il est possible de visiter virtuellement différents pays et de diviser les élèves en sous-groupes afin de faire des présentations sur ces pays. Vous pourriez également proposer aux enfants de faire une recherche sur les ambassades, par exemple.

- Comment se procure-t-on un vrai passeport ? Quand utilise-t-on un passeport ? Quels sont les vrais règlements d'utilisation des passeports de notre pays ? Qu'arriverait-il si tu perdais ton passeport à l'étranger ?

- Vous pouvez aussi piquer la curiosité des enfants en leur demandant de sortir leur passeport parce qu'ils en auront besoin pour ce qui s'en vient. Ce peut être une récompense-surprise lorsqu'ils ont bien travaillé dans la journée.

- Amenez les enfants à faire une présentation orale en classe sur un pays qu'ils rêvent de visiter ou un voyage qu'ils adoreraient faire. Pourquoi ?

- Préparez une exposition d'envergure où des équipes de trois à quatre jeunes pourraient, pendant une longue période, développer leur expertise sur un pays : sa culture, son histoire, la gastronomie locale, etc. À Noël ou en fin d'année, organisez une exposition où chaque groupe d'élèves serait responsable d'un kiosque qu'il devra décorer avec les couleurs du pays, porter le costume approprié, faire goûter des plats du pays ou encore présenter des objets et des affiches pour aider les visiteurs (parents, famille, autres élèves de l'école) à se faire une bonne idée du pays qu'ils décrivent.

- Le passeport pourra devenir également un outil d'évaluation du parcours scolaire. Par exemple, tout au long de l'année, en fin d'étape, vous y apposerez une étampe à l'effigie de son école pour symboliser que l'enfant a réussi à… arriver avec succès à la fin de son parcours d'étape.

- Il serait peut-être intéressant pour les plus vieux de les amener à comprendre le principe des visas. En effet, dans certains pays, un passeport ne suffit pas, il faut également un visa. Pourquoi ? Où ? Quand ?

- Si l'enfant a l'occasion de faire un voyage avec sa famille en cours d'année, il serait intéressant de le noter dans son passeport pour rendre la métaphore encore plus réaliste.

À LA FIN DE L'ANNÉE

Le passeport suivra l'enfant pendant toute l'année scolaire. Un des derniers cachets qu'il pourra y ajouter sera celui de la sortie de fin d'année. Il pourra conserver son passeport et ainsi garder en souvenir les activités spéciales ou les voyages auxquels il aura participé pendant l'année scolaire.

Déco école

Cette activité permet aux élèves de s'investir dans leur milieu scolaire et de s'approprier leur école. Ils y arriveront en créant un environnement qui leur ressemble et en y laissant leur trace. Leur sentiment d'appartenance sera favorisé.

Notre maison est un lieu où nous pouvons être pleinement à l'aise et détendus. Entourés d'objets personnels et de souvenirs, nous pouvons sans crainte être nous-mêmes. L'école, elle, est souvent considérée comme une institution imposante et étrangère, surtout par les jeunes qui y mettent les pieds pour la première fois. Chaque année, les enfants se retrouvent dans une nouvelle classe, un nouvel environnement, voire un nouvel établissement. Les jeunes sont de nouveau en milieu étranger. L'utilité de cette activité prend soudain tout son sens !

AU DÉBUT DE L'ANNÉE

Faites une séance de décoration majeure dans l'école. Vous avez peur de cette suggestion ? Vous vous demandez comment se terminera cette expérience ? Faites simplement repeindre une petite partie de l'école par les plus vieux. Aux plus jeunes, donnez des cartons à dessiner et à coller. Faites faire à d'autres des chaînes de bonhommes en papier.

L'école entière devient alors un autre chez-soi pour chaque enfant. C'est le but premier de cette activité. Chacun d'eux y contribue, ajoute sa touche personnelle quelque part de sorte que le lieu devient beaucoup plus familier et, évidemment, beaucoup plus habité. Les enfants veulent ensuite y retourner parce qu'ils y ont laissé leurs empreintes.

Évidemment, vous pouvez faire cette activité pour une seule classe, mais quel plaisir de pouvoir travailler ensemble à une même mission, celle de faire de l'école un autre chez-soi.

PENDANT L'ANNÉE

- Pour toutes les fêtes de l'année (Noël, l'Halloween, Pâques), rassemblez les enfants pour qu'ils apportent des changements à l'école. Faites-les redécorer selon des thèmes différents. Grâce à leur implication, l'école, leur deuxième maison, sera plus attrayante.

- Réunissez les élèves de différents niveaux dans un lieu commun et invitez les plus vieux à aider les plus jeunes ou demandez-leur de travailler ensemble sur un même projet de décoration de plus grande envergure. Ils doivent sentir que cet établissement leur appartient, à tous ! La plupart des élèves feront davantage attention aux biens communs grâce au sentiment d'appartenance renforcé par cette activité.

- Selon la grandeur de l'école, vous pouvez réserver un lieu où l'on souligne les anniversaires des enfants. Ce peut être une sorte de cadre où l'on met le nom, la date d'anniversaire et l'âge de la personne fêtée cette journée-là. Les élèves de n'importe quel niveau de scolarité sont invités à signer un « Bonne fête » sur la feuille qui apparaît dans l'encadré. L'élève dont la fête est soulignée se sent unique et il sent qu'il fait partie intégrante d'une grande famille. Il a droit à des souhaits cordiaux et à des commentaires positifs de la part des autres habitants de l'école. À vos souhaits!

À LA FIN DE L'ANNÉE

Environ un mois avant la fin des classes, regroupez les élèves pour qu'ils décorent la classe ensemble en privilégiant le thème des vacances ou de la persévérance, puisqu'il ne reste que quelques semaines avant que l'année scolaire se termine. Ils peuvent créer des affiches sur lesquelles on peut lire, par exemple: « Plus que quelques jours, tenons le coup! »

Utilisez la dernière semaine pour les inviter à enlever ces décorations. Ils peuvent choisir d'en conserver certaines comme souvenirs du chez-soi qu'ils ont habité pendant presque une année. Ce faisant, mélangez les membres des équipes. Par exemple, l'élève de sixième année peut facilement monter sur une chaise pour décrocher la décoration d'un tout-petit de la maternelle. Collaboration et entraide se feront d'ailleurs plus naturellement grâce au sentiment d'appartenance développé pendant l'année. Les enfants partagent ce qu'ils ont vécu dans ce lieu commun et en conservent les souvenirs et les rires!

Le bloc-notes

Le grand décompte

Renforcez la collaboration avec les élèves en leur faisant réaliser des tâches plus rapidement. Comment? Dites-leur simplement qu'avant le compte de dix vous voulez que tout le monde soit en cercle, ou que tous aient changé de place, ou qu'ils aient terminé leur travail. Faites le décompte! En général, vous constaterez qu'ils accélèrent simplement pour terminer avant que vous parveniez à zéro.

Pourquoi ne pas commencer dès la première journée à gérer toutes vos activités à l'aide de cet exercice? Cela peut devenir une façon efficace d'accélérer le déroulement des tâches que vous souhaitez leur faire accomplir durant la journée et servira de « pratique » pour l'application au cours de l'année. Toute personne en position d'autorité peut utiliser le décompte lors d'un grand rassemblement: « Avant le compte de dix, tout le monde doit être en rang, habillé, etc. »

Le rythme du silence

En classe ou dans un rassemblement, il est parfois difficile de demander le silence. L'achalandage et les va-et-vient rendent parfois cette tâche difficile.

Cette technique, basée sur une séquence rythmique précise, vous aidera à obtenir le silence et allégera la gestion de classe, tout en vous permettant d'économiser votre énergie. En effet, il est plus intéressant d'enseigner dans une atmosphère positive et plus calme.

AU DÉBUT DE L'ANNÉE

Demandez aux enfants quelles sont les différentes façons de communiquer (parler, écrire, lire, faire des gestes, utiliser le code morse, la musique, la chanson, la danse, etc.). Parmi ces modes de communication, la musique est une manière efficace de communiquer, et ce, particulièrement grâce à son rythme. Demandez aux enfants ce qu'est en fait le rythme. (Le rythme est un mouvement, une cadence, une harmonie.) Ensuite, expliquez aux enfants que vous avez une nouvelle façon de demander le silence et que celle-ci a pour modèle un jeu très connu...

Dès la première journée, présentez aux enfants un jeu amusant comme « 1, 2, 3, Statue ! » À votre signal, les enfants doivent crier et courir dans tous les sens jusqu'à ce que vous disiez ces mots. Ensuite, expliquez-leur que vous allez reprendre la séquence, mais qu'au lieu de dire les mots « 1, 2, 3, Statue ! », vous allez plutôt reproduire le rythme en tapant dans vos mains : « Tam, tam, tam... » Les élèves devront alors immédiatement arrêter de bouger et de crier et répondre en tapant « ta-tam » dans leurs mains. Dites aux élèves que les premiers qui feront l'action demandée recevront des points qui seront accumulés. Les gagnants pourront recevoir une récompense ou un certain privilège. Assurez-vous que l'activité soit très amusante pour que tous les élèves associent ce rythme au plaisir.

Ensuite, introduisez ce même rythme dans la classe. Expliquez aux enfants qu'à partir de maintenant ce rythme servira d'appel pour l'enseignant. Pour avoir le silence ou l'attention, il reproduira cette séquence à laquelle ils devront répondre de la même manière.

PENDANT L'ANNÉE

- Cette technique pourrait être introduite lors du premier rassemblement de toute l'école, avec les membres du personnel comme modèles. Un premier groupe d'enseignants présente la première partie du rythme (tam-tam-tam...) et le deuxième répond en tapant des mains (ta-tam). Ensuite, les élèves sont appelés à imiter la technique. Assurez-vous de reproduire la même séquence au prochain rassemblement afin d'ancrer efficacement l'habitude de « faire silence » lorsque ce rythme est entendu.

- Lors d'un autre rassemblement, donnez la chance à une classe de trouver une façon originale de capter l'attention des élèves en suivant toujours le même rythme. Par exemple, la séquence pourrait être amplifiée par d'autres instruments à percussion comme le tambour, des baguettes, des triangles, des boîtes de carton, des seaux, etc.

- Demandez aux enfants d'apporter de la maison des boîtes de conserve vides et des contenants de plastique (pot de margarine, de yogourt, etc.). Avec du papier ciré, des élastiques et des décorations, l'enfant devra fabriquer son propre tam-tam (un peu comme un tambour amérindien).

- Incitez les enfants à s'amuser avec les nouveaux tam-tams en y reproduisant le rythme choisi pour obtenir le silence.

- Inventez de nouvelles séquences avec la classe.

- Filmez vos prestations et prenez plaisir à vous visionner.

- Invitez un groupe de percussionnistes de votre communauté à venir faire une présentation ou expliquez à la classe les différents rythmes qui peuvent être effectués à l'aide d'un instrument à percussion.

- Dans le cours de musique, l'enseignant pourrait parler des instruments à percussion et parler des émotions associées à différents rythmes (en demandant, par exemple, comment on se sent lorsque le rythme est plus rapide ou lorsqu'il est plus lent...).

À LA FIN DE L'ANNÉE

Pour que cette technique sur le rythme reste bien ancrée pour les années à venir, montez un spectacle de percussion, demandez à une fanfare de venir faire un spectacle, invitez un groupe de musiciens percussionnistes ethniques à venir faire une présentation, inventez une danse aux sons des différents rythmes, demandez à des meneuses de claque d'une école secondaire de venir présenter un numéro d'entraînement de foule.

Pour les classes de niveaux plus avancés, demandez à chacune des classes de préparer leur propre numéro d'entraînement de foule. Rassemblez ensuite les classes et donnez-leur cinq minutes pour inventer un rythme comportant un ou deux gestes d'entraînement de foule. Après ces cinq minutes, les classes présentent à tour de rôle leurs séquences. Pour terminer, regroupez tous les gestes créés en une seule séquence. C'est une technique amusante et entraînante.

Feux de circulation

Le but de ce projet est de sensibiliser les élèves au fait que nous disposons tous de feux de circulation imaginaires en chacun de nous. Par l'entremise de ces signaux, nous pouvons nous contrôler. C'est un don qui sera utilisé tout au long de notre vie.

AU DÉBUT DE L'ANNÉE

Proposez aux élèves de construire de belles voitures avec des boîtes de carton. Amusez-vous à créer de véritables chefs-d'œuvre. Dirigez les élèves dans le corridor avec leur création. Ils seront très fiers. (Avertissez les autres enseignants que ce sera très bruyant durant cette activité.) Demandez aux jeunes de circuler librement sans donner de directives ou de règlements. Ils s'amuseront à faire du bruit, à causer des collisions, à conduire dans tous les sens, etc. Laissez les jeunes s'amuser à leur guise. Après un certain temps, retournez en salle de classe. Demandez aux élèves de s'exprimer. Qu'est-il arrivé ? Pourquoi tant de collisions ? Comment vous sentiez-vous devant cette cohue ? Aimiez-vous cette liberté de conduire vos véhicules sans réglementation ? À ce moment-ci, il est fort probable que certains élèves affirment qu'ils n'ont pas apprécié l'activité. Trop de bruit, trop d'accrochages, etc. Demandez-leur alors ce qui arriverait si chacun conduisait à sa guise, sans respecter les codes et les lois. Les élèves réaliseront que le tout causerait certainement des accidents ! Laissez la liberté aux enfants de raconter leurs anecdotes à ce sujet. Poursuivez ensuite en tentant de trouver des pistes pour remédier à ces situations fâcheuses.

Parlez aux élèves du *Code de la sécurité routière*. Ils le connaissent plus que nous le pensons. Procurez-vous un exemplaire et parcourez-le avec eux. Abordez le sujet des feux de circulation. Que signifie un feu rouge ? Un feu jaune ? Un feu vert ? Insistez sur le fait qu'il est primordial de bien maîtriser ces codes pour circuler adéquatement.

Placez des panneaux de circulation dans le corridor (feux de circulation, flèches indiquant les directions et les virages, etc.). Reprenez maintenant l'activité avec les voitures de carton, mais en leur demandant cette fois de respecter le code de la route. De retour en classe, discutez de ce qui se sera passé. Vos élèves réaliseront probablement qu'il est plus sécuritaire de se déplacer lorsque nous respectons des lois. Laissez les panneaux collés dans le corridor afin de conserver une trace visible de cet apprentissage. Vous pourriez également en installer un dans votre classe.

Demandez ensuite aux élèves si, dans la vie de tous les jours, il est important de suivre des lois. Chacun de nous naît avec des feux imaginaires à l'intérieur de soi, c'est-à-dire avec des aptitudes à exercer un certain contrôle de soi-même et de ses impulsions. Nous avons le devoir de les alimenter tout au long de notre vie. Sans ce contrôle (ou ces feux), notre vie serait confuse, bouleversée. Discutez avec les élèves des situations qui pourraient survenir.

Comme dans la circulation, nous avons tous un code à suivre. Donnez des exemples aux points de vue émotionnel et social, de même qu'en ce qui concerne nos obligations quotidiennes. Ensemble, inventez un code de vie scolaire inspiré des codes de la circulation et encouragez vos élèves à l'utiliser en tout temps à l'école pour exprimer leurs attitudes et leurs humeurs par rapport aux diverses situations qu'ils vivent en situation scolaire, personnelle ou sociale.

- **Voici un exemple de code de VIE SCOLAIRE :**

ROUGE : Je suis arrêté (je ne suis pas prêt)…

> *Je ne comprends pas la matière.*
> *Je ne fais pas mes devoirs.*
> *Je ne suis pas prêt pour mon évaluation.*
> *Cette matière me dépasse.*
> *Je me sens bloqué.*
> *Je ne veux pas recevoir de l'aide.*
> *Je suis intimidé.*
> *Je me sens à part de ceux qui absorbent la matière facilement.*
> *Je me referme aux connaissances nouvelles.*
> *Je suis désagréable envers mes camarades de classe.*

JAUNE : Donne-moi du temps…

> *Je suis disposé à recevoir de l'aide.*
> *J'ai l'esprit plus ouvert et je souhaite comprendre l'information.*
> *J'ai fait mes devoirs trop rapidement, sans trop comprendre.*
> *Je pense être capable de m'évaluer.*
> *Je deviens plus réceptif.*

VERT : Je suis prêt…

> *Je suis bien disposé aujourd'hui à recevoir de l'aide.*
> *Je comprends enfin la leçon.*
> *J'ai pris mon temps pour accomplir mes travaux à la maison.*
> *Mon évaluation sera excellente.*
> *J'apprécie l'aide de mon professeur et de mes amis.*
> *Je me sens au-dessus de mes affaires dans mes travaux scolaires.*
> *Je comprends que je dois travailler pour réussir.*

- **Voici un exemple d'un code SOCIAL et ÉMOTIF :**

ROUGE : Je suis arrêté (je ne suis pas prêt).

> *Je ne me sens pas aimé.*
> *Je ne suis pas disposé à parler.*

> *Je me sens triste et boudeur.*
> *Je ne veux pas dévoiler mes secrets.*
> *J'ai mal dormi.*
> *Mes parents se sont disputés.*
> *Je me suis disputé avec mes amis.*
> *Je ne fais plus partie du groupe.*
> *Je ne porte pas de vêtements de grandes marques.*
> *Je me sens intimidé.*
> *J'ai un malentendu avec mon frère.*
> *Je vois tout en noir.*
> *Je dois garder mes secrets et ceux des autres.*
> *Je ne manifeste aucune tolérance envers les autres.*

JAUNE : Donne-moi du temps…

> *Je suis plus apte à accepter la sympathie des autres.*
> *Je suis moins triste.*
> *Je peux commencer à m'ouvrir aux autres.*
> *Je suis réticent à rencontrer des nouveaux amis.*
> *Je suis prêt à faire la paix.*
> *Je ne réponds pas aux insultes des autres.*
> *Je me sens moins intimidé.*
> *Je comprends que je ne peux pas être toujours libre.*

VERT : Je suis prêt…

> *Je suis prêt à m'amuser à la récréation.*
> *J'accepte les différences entre mes parents et moi.*
> *Je peux révéler des secrets sans avoir honte.*
> *Je suis disposé à rencontrer des nouveaux amis.*
> *Je suis joyeux.*
> *J'accepte les forces et les remarques des autres.*
> *La vie est belle aujourd'hui.*
> *Je ne réponds pas à l'intimidation.*
> *Je comprends que chacun peut avoir ses journées maussades.*
> *J'ai le contrôle de moi-même.*
> *Je me sens libre.*
> *J'éclate de bonheur.*

Instaurez l'utilisation de ce code en classe et encouragez les élèves à s'exprimer avec les expressions «feu rouge», «feu jaune» et «feu vert» pour dire où ils en sont par rapport à tel ou tel événement, comportement ou problème. Encouragez-les à tenter, autant que possible, d'atteindre le «feu vert» en toutes circonstances.

PENDANT L'ANNÉE

- Effectuez une recherche sur les feux de circulation (historique, installation, réglementation, etc.).

- Saviez-vous qu'en Angleterre le feu jaune ne signifie pas la même chose qu'au Canada ? Effectuez une recherche sur la loi des feux de circulation dans différents pays.

- Invitez vos élèves à confectionner un carnet de route personnalisé, décoré de feux de circulation **(voir fiche 11-a en annexe)**. Incitez-les à utiliser ce carnet pour consigner leur autoévaluation hebdomadaire. Pour ce faire, ils devront utiliser les symboles « feu vert », « feu jaune » ou « feu rouge ». Amenez-les à réfléchir sur des aspects précis de leur implication scolaire, à savoir les habiletés scolaires à travailler comme le respect des amis, le respect des enseignants et du personnel de l'école, l'attention en classe, les travaux en classe, les devoirs, etc.

- Développez un système pour faire comprendre aux élèves que nous avons tous des codes à l'intérieur de nous. Utilisez les codes « feu vert », « feu jaune » ou « feu rouge » pour communiquer diverses informations à vos élèves quant à votre disponibilité, à votre humeur ou à votre degré de tolérance, par exemple. Affichez une rondelle de la couleur choisie bien en vue, accompagnée du mot qui correspond au thème choisi. (Pour un modèle en plus grand format, **voir fiche 11-b en annexe**.)

- Utilisez ces codes pour discuter des attitudes requises dans certaines situations précises. Par exemple, il existe des moments où les élèves ont le feu vert : ils peuvent s'éclater comme ils le veulent ! Dans d'autres situations, il est préférable de circuler calmement, de discuter à voix basse ou de se montrer discret : feu jaune. Enfin, certaines situations exigent un feu rouge : on doit alors garder le silence absolu et demeurer tranquille. Demandez-leur de donner des exemples précis qui correspondent à chacun des codes ainsi établis.

- Invitez les enfants à jouer à « feu vert, feu jaune, feu rouge ». Choisissez un volontaire qui agira à titre de maître de jeu. Incitez d'abord les enfants à s'amuser librement. Si le maître de jeu crie : « Feu vert ! », les élèves devront courir dans tous les sens et s'exclamer autant qu'ils le souhaitent. À n'importe quel moment, le maître de jeu prononce : « Feu jaune ! » Les élèves doivent alors marcher et parler plus calmement, en demeurant attentifs aux instructions. Par la suite, lorsque le maître de jeu lance : « Feu rouge ! », ils doivent s'immobiliser comme des statues et demeurer silencieux. La personne qui bouge sera éliminée. Le jeu se termine lorsqu'il reste seulement un joueur.

À LA FIN DE L'ANNÉE

Discutez avec les élèves des feux qu'ils devront respecter lors des activités qu'ils pensent entreprendre durant l'été (par exemple, feu vert pour se promener à bicyclette, feu jaune pour jouer aux jeux électroniques et feu rouge pour se baigner dans un lac sans surveillance).

À l'aide du modèle proposé **(voir fiche 11-c en annexe)**, fabriquez une carte de souhaits dans laquelle vous inscrirez un message de votre cru. Assurez-vous de colorier le feu vert !

Mademoiselle C

Stimuler la lecture! Voilà le rêve de bien des éducateurs. C'est précisément ce que vise cette activité, en présentant la lecture sous toutes ses formes: livres de chansons, recueils de recettes pour enfants, livre d'expériences, revue de chasse et pêche, revue scientifique pour les jeunes, revue sur la mode, livre d'histoire, court roman, livre de fables, livre de mathématique, bande dessinée, dictionnaire illustré, dictionnaire traditionnel... Les enfants pourront s'imprégner du plaisir de lire et de découvrir tous ces univers.

AU DÉBUT DE L'ANNÉE

Afin de faire suite au magnifique film *La mystérieuse Mademoiselle C*[1], les membres du personnel sont invités à se présenter à la première journée de l'année habillés en « Mademoiselle C » (robe bleue et chapeau en forme d'abat-jour) ou en « directeur L'Enragé » (complet brun et cravate austère). Chacun d'eux devra avoir en main un livre représentant leur personnalité, leurs goûts ou le thème de leur classe: l'horticulture, l'écologie, l'ornithologie, les sports, les arts, les sciences, etc.

La rentrée doit être spectaculaire! Il faut que les enfants en aient plein la vue! Une façon géniale de procéder serait de faire arriver les membres du personnel de l'école dans une charrette tirée par un tracteur, assis sur des balles de foin avec chacun un livre en main. Ils arriveront ainsi dans la cour d'école où parents et enfants les attendent impatiemment... Plus simplement, ils pourraient aussi arriver dans des voitures décorées, en autobus scolaire, à vélo, en vélobus ou à pied, avec un baluchon sur l'épaule...

Une fois les élèves arrivés dans votre classe, présentez votre livre, racontez-le et expliquez pourquoi vous l'appréciez particulièrement.

Pour que la métaphore soit bien sentie, proposez aux enfants de visionner le film *La mystérieuse Mademoiselle C*[1].

PENDANT L'ANNÉE

- À l'aide du modèle de fiche de lecture proposé **(voir fiche 12-a en annexe)**, amenez les enfants à se fabriquer des carnets de lecture. Incitez les élèves à trouver un nom original pour ce carnet bien spécial. Chaque fois qu'un élève aura terminé la lecture d'un livre, il sera invité à remplir une fiche de lecture de son carnet. De temps en temps, invitez-les à s'échanger leurs carnets. Cela permettra de faire découvrir de nouveaux titres, de nouvelles collections et de nouvelles séries aux autres enfants de la classe, ce qui contribuera à maintenir l'intérêt pour la lecture! Évidemment, il est également possible d'élargir ce projet à l'ensemble de l'école...

- Faites découvrir des livres de poèmes pour enfants à vos élèves. Après en avoir lu plusieurs, lancez un concours de poésie dans la classe ! Réunissez ensuite tous les poèmes dans un recueil dont chaque élève recevra une copie.

- Organisez une visite à la bibliothèque municipale et demandez à la bibliothécaire de présenter tous les genres de livres appropriés au groupe d'âge de vos élèves.

- Jumelez les plus vieux de l'école avec les plus jeunes. Une fois par mois, toute l'école s'arrête ! C'est l'heure de la lecture. Les grands font la lecture aux plus petits.

- Demandez à des gens du troisième âge de la communauté de venir faire la lecture d'un conte qu'ils aiment particulièrement.

- Par l'intermédiaire du Salon du livre de votre région, tentez d'entrer en contact avec des auteurs, des illustrateurs ou des bédéistes qui viendront partager leur travail avec vos élèves.

- Organisez une nuit de la littérature à votre école. Ayant travaillé la lecture tout au long de l'année, on présentera un spectacle qui prendra la forme d'une lecture sous les étoiles. Dans un décor feutré de nuit étoilée, les élèves liront un texte, un poème, une nouvelle ou une chronique de leur choix. Cette lecture doit cependant avoir une signification particulière à leurs yeux.

À LA FIN DE L'ANNÉE

Invitez les enfants à comptabiliser le nombre de lectures effectuées pendant l'année. Questionnez-les sur les lectures qu'ils ont préférées en leur demandant de remplir le « signet de lecture » proposé **(voir fiche 12-b en annexe)**. Établissez un palmarès des 50 meilleures lectures de l'année et remettez-le à chacun, afin de leur fournir de nouvelles idées de lecture. Invitez vos élèves à une causerie littéraire, durant laquelle ils pourront s'exprimer sur leurs découvertes littéraires et leurs nouveaux héros.

Inscrivez vos commentaires dans le carnet de lecture de chacun en y inscrivant votre appréciation personnelle quant à l'effort déployé tout au long de l'année.

Le bloc-notes

Suivez l'exemple de Mademoiselle C dans toutes les matières !

Créez de nouvelles « mademoiselles » ou de nouveaux « messieurs » pour remplir certains rôles bien précis dans le groupe. Par exemple, Mademoiselle K pourrait être experte en mathématique, Monsieur Z serait reconnu pour son habileté à résoudre des conflits, etc. Ces personnages rassurants et dignes de confiance pourraient en fait être des spécialistes, des parents ou des étudiants qui aideraient à régler certaines difficultés en particulier.

La conquête amicale

Cette activité doit encourager les élèves à aller vers de nouvelles personnes et leur apprendre à surmonter leur timidité. Ils développeront leurs habiletés relationnelles et établiront des contacts enrichissants.

AU DÉBUT DE L'ANNÉE

Regroupez les noms de tous les élèves de l'école sur des papiers distincts à l'endos desquels vous inscrirez quelques questions, par exemple: «Quel âge as-tu? Où habites-tu? Qu'as-tu fait de plaisant cet été? Dans quelle classe es-tu?» Plus il y a de noms, plus il y a de possibilités que l'élève pige le nom d'un enfant qu'il ne connaît pas du tout. Un des buts de l'exercice est alors atteint!

Réunissez les élèves, faites-les piger le nom d'une personne et demandez-leur de la retrouver pour remplir le questionnaire. Déjà, certains rapports se créent entre les élèves. Ce n'est pas nécessaire qu'ils soient d'une même classe. Il est beaucoup plus intéressant qu'un élève de première année soit jumelé à un élève de deuxième année. Ils franchissent une épreuve intimidante, mais ô combien enrichissante!

Par contre, s'il y a plus d'une classe de maternelle, mettez-les toutes ensemble. Vous pouvez aussi regrouper les cycles ou les niveaux.

PENDANT L'ANNÉE

- Répétez le même exercice à plusieurs reprises durant l'année. Rassemblez à nouveau tous les élèves, mais cette fois modifiez le jumelage. Si tous les enfants du premier cycle étaient ensemble au début de l'année, réunissez ceux du premier et du deuxième cycles. Aiguisez le défi!

- Demandez aux enfants d'interroger une personne âgée qui ne fait pas partie de leur famille. Ils lui posent quelques questions, par exemple: «Avez-vous des enfants? Quels sont leurs noms? Est-ce que vous avez des petits-enfants? Quelle recommandation pourriez-vous me faire pour être plus heureux?»

  Chaque élève présente un rapport de cette interview devant la classe ou par écrit. Il présente une photographie, si possible, de la personne âgée rencontrée. L'expérience peut être réalisée avec un voisin, un ami d'un cousin ou toute autre personne étrangère à l'enfant.

- Chaque élève note dans un cahier les histoires de ses expériences avec 10 nouvelles personnes. Ce cahier peut s'intituler *Mes 10 nouveaux amis*. À chaque nouvelle rencontre, l'enfant garde une trace des renseignements sur la personne: son nom, son âge, une photographie, etc. Il détient ainsi une preuve tangible de sa capacité de créer de nouveaux contacts.

- Notez qu'il peut également faire partie du projet éducatif, en plus d'établir des contacts, de rétablir chaque mois des rapports avec les personnes rencontrées. Encore une fois, assurez-vous que l'enfant garde une preuve concrète des efforts et des résultats auxquels il est parvenu.

- Avec les élèves, faites une séance de remue-méninges qui aborde les façons de créer de nouveaux contacts. Quelles sont les conditions favorables? Assurez-vous qu'ils mentionnent l'importance de sourire, de regarder l'autre dans les yeux, de parler de soi, d'écouter l'autre et de s'intéresser à sa vie. Faites-les exercer leurs compétences relationnelles en classe en jumelant des élèves qui n'ont pas tendance à se parler habituellement.

À LA FIN DE L'ANNÉE

Demandez aux élèves de se fixer comme objectif de rencontrer quelques nouvelles personnes pendant l'été. Pour les rendre plus proactifs, laissez-les fixer eux-mêmes le nombre de nouvelles rencontres qu'ils souhaitent faire. Ensuite, ils doivent s'interroger sur l'endroit le plus propice pour faire des rencontres. Ils créent eux-mêmes les questions qu'ils poseront aux personnes. Le but est de se préparer à ces rencontres. Ils seront encore plus habiles pour commencer la prochaine année scolaire.

Proposez-leur de reprendre contact avec chacune des personnes déjà rencontrées pour poser, cette fois, de nouvelles questions, par exemple: «Comment as-tu aimé ton année? Quels événements se sont produits dans ta vie depuis que nous nous sommes rencontrés?» Ils peuvent même le faire par téléphone. Ainsi, ils font un nouvel apprentissage. C'est une chose de rencontrer une personne, mais c'en est une autre de maintenir une relation!

Une question d'équilibre

Avec cette activité, vous tenterez d'amener les enfants à réaliser que l'équilibre représente un facteur important de leur succès et de leur bien-être général. Cependant, le déséquilibre est souvent nécessaire pour atteindre un nouvel équilibre. En outre, même s'il peut être déstabilisant de plonger dans une nouvelle matière ou de tenter de nouvelles expériences, un petit geste suffit parfois à retrouver un état d'homéostasie favorable au bien-être.

AU DÉBUT DE L'ANNÉE

Les élèves arriveront à la porte de la classe où une grosse affiche sur la porte fermée indiquera : « Vous devez absolument enlever un soulier avant de franchir cette porte. » Vous entrerez avec eux dans la classe, après avoir vous aussi enlevé un soulier. Au tableau, vous aurez inscrit ceci : « Désolé, les chaises sont temporairement hors d'usage. » Une balance à plateau et un flamand rose en plastique (disponible dans les magasins à grande surface ou emprunté chez la fleuriste) seront là, bien en vue. La journée commence. Vous ne parlez ni des chaises, ni du soulier, ni de la balance, ni du flamand… Aux questions des enfants, vous répondez de façon assez vague que dès que sera venu le temps de s'asseoir, ils en seront informés. Au début, ce sera drôle, les enfants se déplaceront en boitant, en sautant sur une seule jambe, mais plus le temps passera, plus les questions se feront insistantes et plus ce sera inconfortable. Environ 50 minutes plus tard, une personne de la direction, à qui vous aurez au préalable demandé la collaboration, viendra dans la classe (ou utilisera l'interphone) pour annoncer qu'à partir de maintenant tout redevient normal ! Les enfants s'empresseront de récupérer leur soulier et une chaise…

Une première « tempête d'idées » sera faite à ce moment : « Qu'est-ce qui vous dérangeait le plus dans cette situation ? Étais-tu à l'aise en flamand rose ? » (Même si le flamand rose n'est pas mal à l'aise sur une patte, il représente bien la notion d'équilibre aux yeux des enfants.) Les réponses devraient être assez variées : ils trouvaient cela drôle, ils avaient mal à la jambe, ils étaient fatigués, ils avaient le goût d'enlever l'autre soulier, etc. À ce moment, vous leur expliquerez que leur déséquilibre était responsable de leur inconfort. Par la suite, vous les questionnerez de nouveau : « Qu'est-ce que vous avez fait pour compenser, pour retrouver votre bien-être ? »

Indiquez-leur alors qu'il est fort probable qu'ils rencontrent, pendant l'année scolaire, de nombreuses situations déstabilisantes, qui leur feront vivre des expériences nouvelles. Il s'agira alors de mettre de l'avant de bonnes stratégies pour rétablir l'équilibre. Comme ils auront associé du plaisir et de l'excitation à vivre cette expérience, vous pourrez la leur remettre en mémoire chaque fois que ce sera pertinent afin de leur rappeler l'inconfort, mais aussi le plaisir associé à toute nouveauté.

PENDANT L'ANNÉE

- Dès que vous aborderez une matière ou une partie de matière qui sort de l'ordinaire, demandez aux élèves d'enlever une chaussure. Cela leur fera prendre conscience des émotions ressenties en début d'année et leur rappellera que c'est agréable de vivre de la nouveauté même si cela nous sort de notre zone de confort.

- En équipe de trois ou quatre, lors de présentations orales ou pendant les exercices de composition, demandez-leur de partager un événement de leur vie qui les a sortis de leur zone de confort, tout en les amenant à grandir et à devenir plus forts. Les enfants doivent apprendre non seulement à s'adapter à la nouveauté, mais également à l'aimer: c'est un ingrédient indispensable à leur évolution. Faites clairement ressortir cet aspect.

- Avec les enfants, réfléchissez aux sphères de leur vie dans lesquelles la nouveauté et l'imprévu sont plus difficiles à tolérer: est-ce sur le plan de la famille (divorce, arrivée d'un nouvel enfant, déménagement, maladie, etc.), sur le plan scolaire, amical, personnel ? Ainsi, ils apprendront non seulement à mieux se connaître, mais également à reconnaître leurs forces et leurs faiblesses dans l'ensemble de leur vie. (Notez qu'en général, pour un enfant, le milieu familial est le lieu où les changements sont plus difficiles à tolérer, puisque la sécurité dans cette sphère représente un élément indispensable à son évolution.)

- Amenez-les à vivre des situations déstabilisantes de temps en temps: par exemple, vous pourriez faire la classe dehors et la récréation dans la classe! Lors de l'entrée des enfants en classe, assoyez-vous à la place d'un élève qui devra, quant à lui, jouer le rôle du professeur pendant quelques minutes pour amorcer la journée (si vous le voulez, cet élève pourra être prévenu afin qu'il puisse se préparer un peu). Ce genre de situations cocasses sera porteur d'un message important: ce peut être excitant et fort agréable de sortir de l'ordinaire et de son petit confort habituel.

- Lisez ensemble le livre *Un nouveau départ pour Pirouette* et invitez les élèves à répondre aux questions qui s'y trouvent. (Ce conte, écrit par Sylvie Beaulieu et disponible aux Éditions de Mortagne, aborde la peur des changements et de la nouveauté.)

À LA FIN DE L'ANNÉE

Offrez à vos élèves le symbole par excellence de la beauté et de la liberté que peut apporter le changement: un papillon! **(Voir fiche 14-a en annexe.)** Pendant qu'ils le décorent à leur goût, expliquez-leur comment s'effectue la transformation de la chenille pour devenir ce magnifique papillon coloré et touchant. Faites le lien avec les transformations qu'eux-mêmes connaîtront au cours de leur vie et expliquez-leur que ce papillon est pour vous l'emblème de l'année qui vient de se terminer. Finalement, invitez-les à toujours voir le changement comme une chance de grandir et de s'épanouir davantage.

La carte routière

Au début de l'année scolaire, il arrive souvent que l'enseignant dise à ses élèves qu'ils vont faire « un bon bout de chemin ensemble » pendant l'année. Or, lorsque nous voyageons, il est parfois difficile de trouver le meilleur trajet pour arriver à notre destination. De la même manière, il peut paraître difficile pour l'élève de savoir comment exactement s'effectueront ses apprentissages pendant son année scolaire… Cette activité vise à préparer un guide de voyage qui facilitera les apprentissages des élèves.

AU DÉBUT DE L'ANNÉE

En premier lieu, demandez aux élèves s'ils ont déjà voyagé au Québec ou à l'étranger. Faites-les parler de leurs expériences personnelles. Questionnez-les pour savoir s'ils ont utilisé certains outils spécifiques, comme des cartes routières, des directives orales données par une personne de la région ou un itinéraire informatisé, par exemple.

Ensuite, étalez différentes cartes (mappemonde, carte du Canada, carte de la province, carte de la municipalité, plan de l'école) dans la classe et expliquez-leur qu'il existe plusieurs sortes de cartes. Choisissez une carte de la province. Prenez le temps d'observer la carte et d'en expliquer tous les éléments : les différents codes, la légende, les tableaux des distances, etc.

Initiez un jeu intitulé « Partons à la découverte ! ». Offrez une récompense au premier élève qui trouve, sur une carte, une ville qui commence par la lettre S, un lac, un panneau qui indique la présence d'un hôpital, etc. Pour ce faire, il est important d'avoir une carte routière par groupe d'élèves et un agrandissement affiché dans un endroit visible et accessible aux élèves.

Avec l'aide des élèves, trouvez une ville quelconque (par exemple, vous pourriez repérer la ville de Magog). N'oubliez pas d'expliquer aux enfants comment utiliser l'index des localités et comment se situer sur une carte routière. Ensuite, repérez une autre ville (comme Chibougamau). Demandez ensuite aux enfants de trouver le meilleur chemin pour se rendre de Magog à Chibougamau. Y a-t-il une autoroute ou des chemins secondaires entre les deux localités ? Quelle est la meilleure façon de s'y rendre ? Est-ce qu'il y a des villes sur le trajet, des attractions importantes à visiter ? Expliquez aux enfants que cette carte est comme le trajet qu'ils entreprendront cette année. Ils partent d'un point précis (le point de repère étant alors Magog) et ils doivent se rendre à destination (Chibougamau) en juin. Le trajet représente alors l'année qu'ils passeront ensemble et les apprentissages qu'ils devront faire en cours de route.

Il existe plusieurs moyens de transport pour effectuer le trajet (la voiture, l'avion, le vélo, etc.). De la même manière, il y a plusieurs styles d'apprentissage. Quels que soient les moyens utilisés, tous les élèves peuvent réussir leur route.

Tous ensemble, choisissez deux villes. Établissez le chemin que vous prendrez et calculez le nombre de kilomètres qui séparent ces deux villes. Elles représentent le cheminement de l'année à venir. Expliquez aux enfants que tout au long du voyage (donc de l'année scolaire), ils devront être évalués afin qu'on puisse voir leurs progrès et leur cheminement. Pour les encourager à continuer leur route, suggérez à vos élèves que chaque évaluation ou travail de recherche leur permettra de gagner des kilomètres pour avancer dans leur trajet (ainsi ils pourraient avoir une évaluation de 30 km, un travail de recherche qui vaut 75 km, et ainsi de suite). Rappelez fréquemment cette métaphore pendant toute l'année et motivez les élèves à poursuivre leur route vers leur destination.

Le bloc-notes

Calculez le trajet à parcourir

Calculez le nombre de kilomètres qui séparent les deux villes choisies. Comptez ensuite le nombre d'évaluations, de jeux-questionnaires et de travaux de recherche que les élèves devront accomplir pendant l'année. Divisez le nombre de kilomètres par le nombre d'évaluations à venir. Au fur et à mesure que les évaluations seront données, illustrez le trajet parcouru sur la carte routière en traçant un trait correspondant à la proportion du chemin parcouru jusqu'ici.

Pour faire un voyage enrichissant, il faut parfois s'arrêter pour visiter les attraits des régions que l'on traverse et faire le plein d'essence de temps à autre. Il arrive aussi qu'il y ait des imprévus (accident, panne d'essence, erreur de trajet, mauvaise température, etc.). Comparez ces imprévus aux échecs scolaires, au manque de motivation et aux divers problèmes (maladie, absences) que l'enfant peut rencontrer pendant son année.

Il se peut que certains élèves veuillent prendre un chemin plus court, alors que d'autres effectueront des détours pendant certaines périodes. C'est à vous de les sécuriser et de les guider afin qu'ils reviennent sur leur route. Cependant, dites-vous bien qu'il n'y a pas un chemin meilleur qu'un autre : chaque enfant est unique et fera son propre cheminement scolaire.

Expliquez aux enfants que, tout au long de l'année, vous allez utiliser un vocabulaire associé à certains panneaux de signalisation et dessins sur la carte routière. Amusez-vous à inventer d'autres panneaux de signalisation spécialement conçus pour votre classe, ce qui leur donnera une touche plus personnelle !

Vocabulaire associé à ce projet

- **Arrêter à la station d'essence :** *faire le plein d'énergie (se reposer, bien se nourrir, en respectant les principes du* Guide canadien de la saine alimentation et de l'activité physique*).*
- **Visiter un musée :** *effectuer un nouvel apprentissage.*
- **Téléphone d'urgence (lancer un SOS) :** *avertir qu'on est en panne, demander de l'aide.*
- **Emprunter un chemin secondaire :** *enrichir l'apprentissage, effectuer des travaux supplémentaires pour ceux qui ont terminé le travail.*
- **Attention, chemin cahoteux :** *il y aura plusieurs obstacles à franchir.*
- **Stop :** *il serait nécessaire de prendre un moment de réflexion.*
- **Attention, construction :** *nous sommes en période d'apprentissage ou d'examen.*
- **Halte-repos :** *temps de détente, privilège, lecture silencieuse.*

> **Information touristique :** *période de questions.*

> **Station de police :** *j'ai besoin d'un médiateur (pour régler un conflit, par exemple).*

PENDANT L'ANNÉE

- Construisez avec les plus jeunes des voitures avec des boîtes de carton. Lorsque la voiture est terminée, offrez à l'enfant une clé qui signifie qu'il peut maintenant démarrer sa voiture. Par après, faites des chemins avec les panneaux de signalisation qui seront utilisés pendant l'année scolaire.

- Photocopiez des illustrations des panneaux de signalisation **(voir fiche 15-a en annexe)** et incitez les enfants à les colorier. Après que l'enfant a bien mémorisé la signification de ceux-ci, faites graduer les enfants en leur octroyant leur permis de conduire **(voir fiche 15-b en annexe)**. (Ce permis représente une attestation indiquant que l'enfant est prêt à partir.)

- Prenez le temps de vous amuser avec ces concepts. Par exemple, lors d'une bagarre, vous pourriez dire : « Oups, il y a eu un accident ! Il est temps d'aller au garage pour faire réparer ta voiture. »

- Encouragez les enfants à « travailler sur leur voiture », c'est-à-dire à prendre le temps de bien réfléchir pour ensuite vous laisser savoir quels sont leurs projets pour réparer l'erreur commise.

- Étudiez certaines villes qui se trouvent sur votre trajet (explorez quels sont leurs centres d'attractions, vérifiez quelle est leur population, etc.).

- Avec les élèves des niveaux plus avancés, lors des périodes consacrées aux mathématiques, calculez la durée du voyage, le coût de l'essence, le budget (coût des repas, des hôtels, prix des billets pour entrer dans certains centres d'attractions, etc.).

À LA FIN DE L'ANNÉE

Vous pourriez terminer l'année scolaire en décernant à chacun de vos élèves un certificat qui souligne leur accomplissement. **(Voir fiche 15-c en annexe.)**

La voie lactée

Cette activité vise à conscientiser les élèves quant à l'importance primordiale du respect et de la politesse non seulement dans la classe, mais aussi dans la vie en général.

AU DÉBUT DE L'ANNÉE

Faites l'activité dans un grand espace. Affichez une belle grosse lune sur le mur. Demandez aux élèves d'exprimer leur opinion sur la décoration de votre mur. Qu'est-ce qui manque à la lune pour égayer le ciel ? Le soir, le ciel nous semble-t-il intéressant lorsqu'aucune étoile n'est visible ? Proposez à vos élèves de réaliser, ensemble, un magnifique ciel étoilé !

Divisez les élèves en groupes de trois. Bandez les yeux de deux élèves par groupe. Le troisième agira comme entraîneur pour diriger et encourager ses deux coéquipiers qui ne voient pas. Avant de commencer l'activité, posez les questions suivantes à ceux qui ont les yeux bandés : « Est-ce que tu vois ? Est-ce que tu peux te diriger seul ? Comment te sens-tu ? T'arrive-t-il de te sentir ainsi dans d'autres situations ? (Par exemple : « Te sens-tu anxieux dans certaines situations ? Vois-tu tout en noir lorsque tu vis des conflits ? ») Lorsque tu vois un ciel étoilé, comment te sens-tu ? Cela te fait-il rêver ? As-tu envie de compter les étoiles ? Essaies-tu d'imaginer ce qu'il y a au bout de la galaxie ? »

Invitez-les ensuite à faire scintiller le ciel !

Avant l'activité, vous aurez éparpillé par terre plusieurs étoiles faites de papier aluminium. Sur plusieurs d'entre elles est inscrit un qualificatif. Les autres sont vierges. Tous les élèves dont les yeux sont bandés doivent alors trouver les étoiles qui comportent des messages. Le rôle du troisième coéquipier est simplement de les diriger et de les encourager dans leur recherche. Chaque fois qu'ils en trouvent une, ils doivent la coller au mur. Lorsque toutes les étoiles auront été ramassées et affichées, alors seulement ils pourront découvrir leurs yeux afin d'admirer le ciel qui scintille. Laissez-les s'exprimer sur la beauté d'un ciel nocturne. Ensemble, lisez les qualificatifs inscrits sur chacune des étoiles.

Demandez ensuite aux élèves qui avaient les yeux bandés d'exprimer ce qu'ils ont ressenti pendant l'activité : « Comment vous sentiez-vous auprès de vos guides qui vous dirigeaient dans l'inconnu ? Leurs mots d'encouragement vous ont-ils aidés à continuer, à persévérer ? Avez-vous apprécié cette forme d'entraide ? Vous inspire-t-elle confiance ? Voyez-vous vos guides différemment après cette activité ? Exprimez-vous auprès d'eux. »

Maintenant, tournez-vous vers les guides : « Comment avez-vous perçu l'activité ? Avez-vous aimé encourager vos collègues qui étaient limités ? Comment vous sentiez-vous après l'activité ? »

Puis, questionnez l'ensemble du groupe: «En général, le ciel étoilé nous attire-t-il? De la même manière, sommes-nous attirés par les personnes positives? Savez-vous combien il y a d'étoiles dans le ciel? Non? Saviez-vous qu'on peut faire autant de bons gestes qu'il y a d'étoiles dans le ciel? Nous pouvons donc faire une infinité de bons gestes.»

Encouragez alors vos élèves à entamer une réflexion sur ce qu'est un bon geste. Demandez-leur d'élaborer sur ce sujet. (Ce pourrait être par exemple de rendre service, d'aider une personne sans rien demander en retour, d'encourager les autres, d'être poli, etc.) Dites-leur que distribuer les bons mots et les bons gestes peut facilement devenir une habitude qui fait du bien aux autres.

Pour conclure l'activité en beauté, inscrivez vos nouvelles idées de bons gestes et de bons mots sur les étoiles vierges qui restent et placez-les dans le ciel étoilé, avec les autres.

PENDANT L'ANNÉE

- Enseignez aux élèves la chanson *Les étoiles dans le ciel.*
- Suspendez des étoiles où seront inscrits des mots ou des gestes gentils au plafond de votre classe. **(Voir fiche 16-a en annexe.)**
- Demandez à chaque élève de se fabriquer un «Carnet d'étoiles» dans lequel il inscrira, chaque jour, un beau mot qu'il aura prononcé ou un beau geste qu'il aura fait auprès de quelqu'un.

Le bloc-notes

Les étoiles dans le ciel
(sur l'air de *Twinkle Twinkle Little Star*)

« Les étoiles dans le ciel brillent brillent,
comme elles sont belles.

Une à une, elles s'allument,
pour éclairer la lune.

Les étoiles dans le ciel brillent brillent,
comme elles sont belles. »

- Présentez un documentaire sur les étoiles.
- Invitez un astronome ou un amateur d'astronomie à venir parler de la voie lactée.
- Faites une sortie de soirée avec votre classe pour observer les étoiles (idéalement un soir de pleine lune!).
- Lancez un défi à toute l'école. Demandez aux jeunes, aux parents et à tous les membres du personnel de l'école d'écrire leurs beaux gestes et leurs beaux mots sur des étoiles, et ce, tout au long de l'année. Affichez-les dans les corridors de l'école.
- Créez, avec votre classe, un tableau d'honneur de bonnes actions. Affichez des mots gentils d'encouragement et de politesse. Photographiez des élèves, des membres du personnel qui font des bonnes actions. Demandez aux professeurs de choisir, mensuellement, un(e) élève qui aura l'honneur d'être photographié et affiché au tableau d'honneur.
- Faites mention à l'interphone des exemples de bonnes actions que certains élèves ont accomplies.
- Préparez et présentez des saynètes présentant de bonnes actions.

- Invitez ou allez visiter une personne âgée pour discuter de l'importance de la politesse et du respect des adultes (vouvoiement, aide aux plus démunis, langage soigné, etc.).

- Inscrivez à la feuille de route que l'un des devoirs de la semaine est de faire une bonne action pour un membre de sa famille. Pour les élèves plus âgés, demandez-leur d'en écrire les répercussions et de faire part aux autres des sentiments ressentis à ce moment. Faites un retour sur cette activité à la fin de la semaine.

- Affichez dans la classe une liste des sentiments qui émergent lorsque l'on fait une bonne action : se sent-on heureux, fier, satisfait, etc. ?

- Placez à la disponibilité de tous une boîte d'étoiles sur lesquelles les enfants pourront écrire des mots d'appréciation, d'encouragement ou de remerciement à l'intention des autres élèves.

À LA FIN DE L'ANNÉE

Mettez tous les noms des élèves dans une boîte. Chaque élève pige un nom, écrit un souhait à l'intention de la personne pigée sur une reproduction de l'étoile **(voir fiche 16-a en annexe)** et le lui donne. Épinglez les étoiles à chaque élève pour qu'ils puissent les porter fièrement.

Écrivez vous-même un conseil ou un souhait pour chacun des élèves sur les étoiles. (Par exemple, vous pourriez écrire : « Continue ! Le sourire est la clé de la communication. N'oublie pas que le sourire est le plus beau cadeau que tu peux offrir ! »)

Organisez un rassemblement pour remercier tout le monde d'avoir rempli les corridors d'une voie lactée aussi exceptionnelle ! Pour conclure le rassemblement en beauté, déposez toutes les étoiles dans un filet accroché au plafond et laissez-les tomber doucement sur les élèves. Cette pluie d'étoiles sera une véritable pluie de sentiments positifs inspirés par les bonnes actions, les beaux gestes et les mots d'encouragement qui auront marqué l'année scolaire. Insistez sur le fait que ces étoiles vont les aider à continuer de propager la joie pendant l'été.

Serpents et échelles 

Le but de cette activité est de faire réaliser aux enfants que malgré les acquis et les succès, il est toujours possible — et même normal — de rencontrer des obstacles en cours de route. Cependant, la plupart des obstacles sont franchissables : il s'agit alors de chercher les possibilités de se reprendre et de poursuivre sa progression.

Par ailleurs, le succès n'implique pas nécessairement la sécurité ; il faut toujours persévérer, entretenir sa motivation, faire des efforts.

AU DÉBUT DE L'ANNÉE

Lors de la première journée d'école, expliquez aux enfants que l'année scolaire qui commence est un peu comme un jeu de « Serpents et échelles », lors duquel ils devront rechercher les échelles qui les aident à progresser et éviter les serpents qui les font dégringoler.

Dans la cour d'école, invitez les élèves à tracer un très gros jeu de « Serpents et échelles » sur l'asphalte avec des craies de couleur ou utilisez le modèle proposé **(voir fiche 17-a en annexe)**. Il est essentiel que chacun des élèves de la classe ait la chance de participer à la réalisation de ces jeux géants. Fabriquez également un dé à l'aide d'une boîte de carton vide sur laquelle seront inscrits les nombres de 1 à 6. Confectionnez aussi des pions géants, à l'aide de divers objets (livres, souliers, objets hétéroclites). Utilisez des ceintures pour représenter les serpents et des morceaux de bois sur lesquels vous aurez dessiné des barreaux pour faire les échelles. Afin de créer un ancrage important, le jeu devra être impressionnant — et soulever des émotions intenses.

Maintenant, au jeu ! Les enfants lancent le dé et déplacent leur pion tour à tour. Encouragez-les à se mouvoir de manière originale et à bouger leur pion à leur façon, en dansant, en faisant des bonds comme une grenouille, etc. Ils en retireront beaucoup de plaisir. Il est important de noter que si l'idée du jeu est lancée dès le début de l'année, les enfants joueront encore et encore, chaque fois qu'ils en auront l'occasion.

De retour en classe, invitez vos élèves à une discussion « Serpents et échelles ». Faites-leur nommer toutes les actions qu'ils peuvent poser pour avoir accès à des échelles qui faciliteront leurs progrès scolaires. L'exercice permettra également de préciser ce qui fait glisser sur le serpent, c'est-à-dire ce qui les fait reculer.

Le bloc-notes

Les règles du jeu

1) Placez les pions à l'extérieur du plateau de jeu, près de la case numéro « 1 ».

2) À tour de rôle, les joueurs lancent un dé et avancent du nombre de cases indiqué par le dé.

3) Lorsque le pion d'un joueur atteint une case où est situé le bas d'une échelle, le joueur doit déplacer son pion jusqu'au sommet de cette échelle.

4) Lorsque le pion d'un joueur atteint une case où est située une tête de serpent, le joueur doit déplacer son pion jusqu'à l'extrémité de la queue du serpent.

5) Le premier joueur dont le pion se rend jusqu'à la case numéro « 100 » gagne la partie.

PENDANT L'ANNÉE

- En classe, dans une activité de bricolage, demandez à chaque enfant de réaliser sa propre planche de jeu de « Serpents et échelles », à sa manière et selon ses goûts. Mais attention ! Ce sera une planche bien spéciale, qui reflétera les échelles et les serpents de sa vie d'écolier. Chaque enfant devra en trouver le plus possible et les écrire sur les échelles et les serpents qu'il aura dessinés sur sa planche de jeu.

> **> Exemples d'échelles :**
> *Bien étudier, faire mes devoirs, remettre mes travaux à temps, utiliser mes stratégies de lecture, dormir suffisamment, m'alimenter sainement, garder une bonne motivation, etc.*

> **> Exemples de serpents :**
> *Poser des comportements perturbateurs en classe, apporter un sac d'école incomplet à la maison, omettre de bien noter mes leçons et mes devoirs, manquer de motivation, effectuer une mauvaise planification, etc.*

- De la même manière, vous pourriez aussi constituer des équipes et demander à chacune d'entre elles de fabriquer une planche de jeu portant sur un thème de leur choix. Par exemple, ils pourraient choisir des thèmes comme : « Les serpents et échelles dans la réussite scolaire », « Les serpents et échelles dans les relations avec les autres » ou « Les serpents et échelles en lecture ». Ces jeux seront plastifiés et réutilisés tout au long de l'année lors d'activités privilèges.

- Faites prendre conscience aux élèves de la possibilité de vivre des succès, et ce, même après avoir essuyé un échec. Ce n'est pas parce que nous avons connu une glissade sur un serpent qu'il n'y a plus d'espoir !

- Invitez des gens, des anciens élèves de l'école autant que possible, qui ont connu des moments difficiles ou des échecs dans leur vie scolaire. Qu'ils aient redoublé une année ou qu'ils aient été décrocheurs, ils pourront témoigner qu'avec de la motivation, de l'effort soutenu et de la persévérance, le succès est toujours possible !

- Invitez également des gens qui ont connu de grands succès à se raconter. Choisissez pour cela des gens qui ont trouvé l'échelle et qui ont fait le travail nécessaire pour gravir chaque barreau pour arriver en haut ; bref, pour atteindre de grands succès… Ces gens sont d'excellents modèles !

- Abordez les enfants qui éprouvent plus de difficultés d'apprentissage en réactivant la métaphore : « Tu vois, tu viens d'arriver en haut d'une autre échelle. Tu peux être fier de toi. » Faites-leur réaliser que chacun de leurs petits succès s'additionnent et qu'ils se rapprochent de plus en plus du sommet !

- Demandez à tous les élèves de répondre aux deux questions suivantes. Notez que vous pourriez étendre ce sondage à toute l'école et demander aux autres élèves, de même qu'aux enseignants, d'y répondre aussi.

> **1)** *Quelles sont les trois échelles qui vous aident le plus ?*
> **2)** *Quels sont les trois serpents qui vous nuisent le plus ?*

Compilez les réponses qui ont été le plus souvent mentionnées pour chacune de ces questions. Après cette compilation, fabriquez trois gros jeux sur de grands cartons (un pour chaque cycle du primaire), et affichez-les sur les murs des couloirs de l'école, en vous assurant qu'ils soient bien visibles pour tous les élèves. Inscrivez ensuite sur les échelles les réponses retenues, de même que sur les serpents. Les enfants auront ainsi la chance de lire ce qui provoque le succès — et les échecs — de leurs amis et des autres élèves de leur école.

Il arrive souvent que les enfants aient du mal à trouver eux-mêmes les raisons pour lesquelles ils échouent. Cette activité leur permettra de le réaliser. Ils deviendront conscients que l'échec n'est pas le produit du hasard, et qu'il leur est possible d'accomplir des gestes concrets pour devenir des gagnants.

- Utilisez la métaphore des serpents et des échelles pour aider les élèves dans la réalisation de leur autoévaluation. Après avoir réalisé une activité ou en fin de journée, posez la question suivante aux enfants : « As-tu été échelle ou serpent ? » Lorsqu'ils remettent un travail, sporadiquement, demandez-leur d'y coller un petit pictogramme représentant une échelle ou un serpent. **(Voir fiche 17-b en annexe.)**

- Lorsqu'ils reçoivent un travail corrigé, demandez à l'élève, en privé, de vous dire si c'est un résultat qui mérite une échelle ou un serpent, et de vous expliquer la raison de ce choix. Par exemple, un élève pourrait dire : « J'ai bien étudié et je suis fier de moi », « J'ai mis beaucoup de temps à faire ce travail, je le mérite bien » ou « Je me suis couché tard toute la semaine, j'ai perdu mon agenda et je ne me suis pas organisé… Je me reprendrai la prochaine fois ! »

- Demandez à chaque enfant de nommer des gens qui représentent pour eux des modèles ou des mentors qui ont vraiment choisi l'échelle dans leur vie. Avec les plus petits, amorcez une discussion qui leur permettra de comprendre l'effort qui se cache derrière la réussite. Avec les plus grands, vous pourriez faire des recherches pour écrire la biographie de ces modèles. Présentez-les à toute la classe.

À LA FIN DE L'ANNÉE

Invitez les enfants à réfléchir aux vacances qui vont bientôt commencer et à nommer quelles seront les échelles qu'ils devront gravir et quels sont les petits et grands serpents à éviter.

Remettez-leur une carte personnalisée **(voir fiche 17-c en annexe)** dans laquelle vous pourriez énoncer une force développée pendant l'année, le tout assorti d'un commentaire personnel de votre part. Assurez-vous de mettre en valeur la plus belle force de chacun. Par exemple, on pourrait y lire : « Bravo à toi, Océane, tu as réussi à très bien respecter tes échéanciers, cette année ! », « Bravo Charlot, tu as découvert les plaisirs de la lecture en feuilletant les revues *Aventure Chasse et Pêche !* » ou « Bravo à toi, Kathy, tu as surmonté ta timidité en devenant médiatrice ! ».

Le gradateur d'intensité

Cette activité vise à sensibiliser les élèves à leurs propres humeurs et à mieux les contrôler. Les enfants apprendront à gérer leurs réactions et leurs émotions. Le climat de classe et l'ensemble du quotidien scolaire seront certainement plus harmonieux.

AU DÉBUT DE L'ANNÉE

Remplacez l'interrupteur de lumière par un gradateur. Cette installation est simple, peu coûteuse et fort rentable sur le plan éducatif. À la lumière de l'activité qui suit, vous verrez! Je tamise, tu tamises… ils s'amusent!

Fermez les rideaux pour assombrir la classe et demandez aux enfants s'ils connaissent le fonctionnement du gradateur. En général, même les élèves de maternelle le maîtrisent. Incitez l'un à baisser le gradateur de moitié, le second à le fermer complètement, l'autre à l'augmenter très doucement, etc. Les jeunes constatent que l'intensité diminue ou augmente selon vos exigences. Chacun retient surtout qu'il est apte à contrôler le gradateur.

Remettez ensuite un gradateur à chaque enfant ou dessinez-en un immense au tableau pour qu'ils prennent conscience de leur propre gradateur intérieur. S'ils sont trop intenses ou éteints, très enjoués ou distraits, ils fonctionnent difficilement. Ils ont cependant le pouvoir et le devoir d'agir sur eux-mêmes. Pour favoriser un climat agréable, expliquez-leur l'importance de maintenir, en classe, une humeur moyenne de six sur dix. Défi extrême!

PENDANT L'ANNÉE

- Dans l'école, exposez un immense gradateur qui arbore par exemple le slogan suivant: «Surveille ton gradateur d'intensité!» Cette affiche peut être placardée à plusieurs endroits dans l'établissement. Chaque classe peut également dessiner son propre gradateur. **(Voir fiche 18-a en annexe.)**

  Notez que si le projet implique toute l'école, tout le personnel peut utiliser le langage propre au gradateur: les enseignants, le personnel de l'administration et ceux de la direction. Même les membres du personnel de soutien! Chacun d'eux peut dire à chaque élève: «Tu devrais augmenter (ou diminuer) l'intensité de ton gradateur.» Cette référence, connue de tous, est efficace!

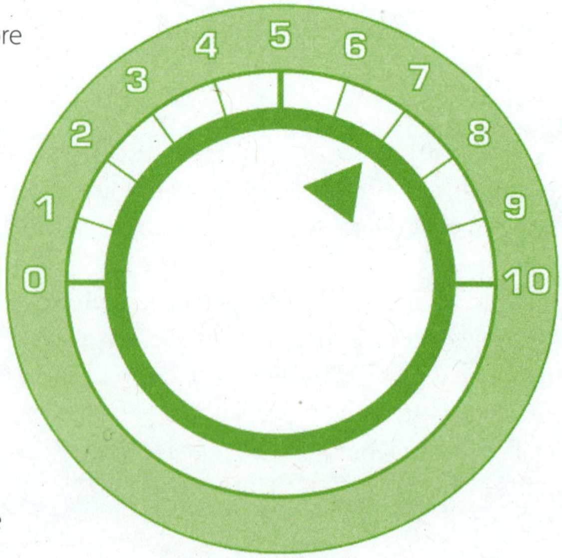

- (Pour les plus petits) À la récréation, affichez une puissance plus élevée sur le gradateur afin de signaler aux enfants qu'ils ont le droit de s'éclater un peu plus. Il est impossible pour un enfant de maintenir continuellement son gradateur à six. Les enfants qui souffrent d'hyperactivité ont particulièrement besoin d'un espace où ils peuvent vivre une intensité maximale.

- Prévoyez un endroit et un moment où les élèves peuvent se défouler. Par exemple, tout au long de l'année, lorsqu'ils doivent courir pour le cours d'éducation physique, mettez l'intensité du gradateur à dix. Assurez-vous que les jeunes comprennent qu'ils peuvent courir à leur maximum.

- (Pour les plus grands) Le gradateur peut servir de prétexte à une recherche sur les drogues. Certains stupéfiants ont le pouvoir de propulser l'intensité du gradateur à dix. Le problème est que leur métabolisation fait chuter le gradateur à zéro. Certains jeunes sont par exemple à quatre et, pour augmenter leur énergie, ils consomment de la drogue pour se retrouver à sept ou à huit. Plus ils consomment, plus ils doivent augmenter la dose pour atteindre l'intensité maximale. La période d'arrêt est de plus en plus difficile à vivre pour eux parce qu'elle se rapproche du zéro, de l'inertie.

  D'autres jeunes utilisent plutôt la drogue comme une automédication pour se calmer. Si leur intensité est toujours à dix, ils consomment différentes drogues pour, par exemple, baisser leur intensité à trois ou même à deux. De cette façon, ils sont beaucoup plus calmes, parfois trop. Ils en arrivent à certains moments à ne plus pouvoir fonctionner. Ils perdent tout intérêt sur le plan scolaire, relationnel, etc.

À LA FIN DE L'ANNÉE

Remettez-leur un gradateur avec une note personnelle: «Félicitations, tu as bien contrôlé ton gradateur», «Continue de surveiller ton gradateur» ou «Merci d'avoir maintenu ton gradateur à la bonne intensité».

Vive la lumière !

Le but de cette activité est de faire réaliser aux enfants que tout apprentissage demande un investissement, un effort. Ainsi, un peu à la manière d'un mineur qui descend dans le fond d'une mine pour faire son boulot, nous devons allumer notre lumière, et ce, en tout temps, que ce soit pour faciliter un apprentissage, pour enrichir une relation avec un ami ou pour apprivoiser une peur. « Allez, allume ta lumière ! »

AU DÉBUT DE L'ANNÉE

Le jour de la rentrée scolaire, accueillez vos élèves en portant une lampe frontale, comme celle que portent les explorateurs de grottes ou les randonneurs nocturnes. Comme vous aurez préalablement éliminé toutes les sources de lumière dans votre local (stores baissés, interrupteur bloqué, etc.), vous devrez vous diriger dans l'obscurité avec vos élèves, avec le seul apport de votre petite lampe frontale. Pendant ce temps, faites jouer la chanson « Vois sur ton chemin », tirée de la trame sonore du film *Les Choristes*, de Christophe Barratier, et remettez-leur les paroles de la chanson **(voir fiche 19-a en annexe).**

Invitez ensuite vos élèves à s'asseoir par terre, au centre de la classe. (Vous aurez placé les pupitres tout autour de la classe.) Distribuez-leur chacun une petite bougie (non allumée), puis commencez la discussion avec la question suivante : « Qu'est-ce que tu viens faire cette année, à l'école ? » Après avoir partagé quelques réflexions sur ce sujet, enchaînez avec les questions : « Qu'est-ce qui te fait peur, toi, à l'école ? » et « Qu'est-ce qui te fait peur à l'extérieur de l'école ? ». Pour chacune des réponses données, allumez une bougie et signifiez aux enfants que cette bougie représente une peur partagée. Expliquez-leur alors qu'une peur dont on parle est déjà plus facile à vivre que celles que nous n'osons jamais exprimer. L'exercice aura un effet d'entraînement, c'est-à-dire qu'en voyant les bougies de leurs amis s'allumer les élèves auront envie de partager, eux aussi, leurs peurs secrètes, afin de voir leur bougie s'allumer. Un climat chaleureux se créera dans la classe, et de l'obscurité vous passerez à la lumière.

D'une certaine façon, le fait de passer de l'ombre à la lumière est déjà un puissant conditionnement positif pour une foule de choses. Ainsi, pendant l'année, lorsque l'exercice sera répété, on suggérera divers thèmes de partage en insistant sur la phrase clé : « C'est en partageant qu'on s'allume. » Voici quelques exemples : « Tu as de la difficulté avec certains amis, si tu nous en parlais… »,

Le bloc-notes

Vois sur ton chemin

Vois sur ton chemin
Gamins oubliés égarés
Donne-leur la main
Pour les mener
Vers d'autres lendemains

Sens au cœur de la nuit
L'onde d'espoir
Ardeur de la vie
Sentier de gloire

Bonheurs enfantins
Trop vite oubliés effacés
Une lumière dorée brille sans fin
Tout au bout du chemin

Sens au cœur de la nuit
L'onde d'espoir
Ardeur de la vie
Sentier de gloire

Paroles et musique : Bruno Coulais, Christophe Barratier, 2004.

«Tu travailles fort en lecture pour arriver à compléter ton plan de travail, si tu nous en parlais… », «Tu as vécu un moment traumatisant, dont tu te souviendras toujours, si tu nous en parlais… », etc. Chacune des situations présentées amènera un partage, un nouveau bien-être, une libération, une nouvelle lueur.

PENDANT L'ANNÉE

- Comme les peurs reviennent continuellement dans la vie des enfants, vous pourriez répéter l'activité d'introduction de temps en temps. Ainsi, environ une fois par mois, accueillez vos élèves dans l'obscurité en leur distribuant des bougies prêtes à recevoir les confidences. Afin de toujours préserver la spontanéité de chacun, il sera important de ne jamais annoncer l'exercice à l'avance : vous éviterez ainsi que les enfants ne s'inventent des histoires pour se rendre intéressants. Lors de ces partages allumés, les élèves seront invités à s'exprimer sur divers sujets : ce qui les préoccupe présentement, ce qu'ils ont aimé de leur journée, une situation qu'ils auraient préféré vivre différemment, une relation avec un ami qui chancelle, un moment précieux qu'ils ont vécu, une interrogation, une peur.

- Demandez à l'éducateur physique d'organiser, à quelques reprises pendant l'année, une période où le cours se fera dans l'obscurité. Les élèves pourront alors s'éclairer avec leur lampe de poche. Le jeu de la « tag » serait intéressant à expérimenter avec les plus grands. Les plus petits trouveront certainement amusant de jouer au petit cochon à la lueur d'une lampe de poche.

- Lors d'une soirée de pleine lune, invitez les enfants à un rassemblement dans la cour d'école. Ils apportent leur lampe de poche et ils s'amusent entre eux. Vous pouvez vous attendre à ce qu'ils aient peur, à ce qu'ils se fassent peur, mais surtout à ce qu'ils aient énormément de plaisir. Donnez-leur accès au gymnase de l'école, sur les murs duquel seront inscrits les mots «Plaisir», «Succès», «Collaboration» et «Amis». Toutes les lumières fermées, incitez-les à découvrir, en équipes de deux à la fois, les mots cachés. Lors du retour sur l'activité, expliquez-leur que les mots qu'ils ont découverts représentent l'ultime souhait que vous leur faites : qu'ils partagent ce qu'ils vivent et qu'ils en retirent de belles amitiés, du succès et du plaisir.

  Cette activité pourra se faire à différentes périodes de l'année et vous installerez des mots-vedettes inspirés du moment présent. Par exemple, à la rentrée, les mots «Amis», «Apprendre», «Partenaires», «Coéquipiers», «Collaboration», «Confiance» et «Plaisir» seraient tout à fait de mise. À la fin de l'année, optez plutôt pour des mots comme «Vacances», «Loisirs», «Repos», «Amitié», «Voyage» et «Plaisir». Expliquez-leur après chaque activité que chaque fois qu'ils partagent, qu'ils osent parler, qu'ils s'ouvrent, ils deviennent lumineux !

- Pour la fête de l'Halloween, proposez-leur une activité où ils auront à raconter comment ils ont fait pour surmonter une peur. Par exemple, chez les petits, ce pourrait être d'aller chez le dentiste, de partir pour l'école seul en autobus scolaire ou d'aller au service de garde avec de nouvelles personnes ; chez les plus grands, il pourrait être question de leur peur de parler devant le groupe, de devoir travailler en équipe avec des pairs du sexe opposé, de recevoir un vaccin… À chacune des peurs exprimées, incitez-les à expliquer

> **Le bloc-notes**
>
> **Le jeu du petit cochon**
>
> Tous les enfants sont assis en cercle. L'un d'entre eux est désigné pour jouer le méchant loup. Il circule autour du cercle et dépose discrètement un foulard derrière l'un des enfants inclus dans le cercle. Le petit cochon qui découvre le foulard doit partir à la poursuite du vilain loup afin de l'attraper ! S'il l'attrape, il devient le loup. Sinon, il s'assoit au milieu, et le jeu se poursuit. On joue jusqu'à ce que tous les enfants aient été choisis au moins une fois !

comment ils ont fait pour la surmonter. (Ont-ils essayé de penser à autre chose ou de prendre de grandes respirations ? Ont-ils apporté leur peluche ? En ont-ils discuté avec leurs parents ?) Chaque fois qu'une peur aura été évoquée, allumez la bougie. Demandez-leur ensuite si le moyen utilisé pourrait servir dans une autre situation de peur. Si vous le souhaitez, vous pourriez varier le format de cette activité en en faisant une activité d'écriture avec les plus grands.

- Lors de la période qui précède la fête de Noël, organisez un grand atelier de bricolage pour fabriquer la traditionnelle couronne de l'Avent.

- Organisez des journées spéciales lors desquelles vous leur demanderez d'utiliser une lampe de poche pour épeler les mots de vocabulaire écrits sur le mur. Invitez ensuite leurs camarades de classe à découvrir le mot ainsi formé. Cette activité pourrait aussi s'effectuer couché sur le sol, avec des mots collés au plafond…

- Soulignez l'anniversaire de chacun de vos élèves en allumant un feu de Bengale. Donnez-leur ainsi le plaisir d'être la vedette du jour. Vous pourrez les photographier avec cette lumière scintillante, conserver précieusement ces photos et les leur offrir à la toute fin de l'année.

- Lors d'un exploit impliquant tout le groupe, offrez un feu de Bengale à chacun des élèves. Ainsi, tous seront « allumés » afin de partager une grande joie, une réussite inespérée, des résultats qui sortent de l'ordinaire ou des comportements exemplaires lors d'une activité spéciale.

Le bloc-notes

La couronne de l'Avent

Une légende raconte que la couronne de l'Avent aurait été créée à Hambourg vers 1850 dans un orphelinat, par le pasteur Heinrich Wichern. Celle-ci était alors faite de plusieurs branches de sapin, de laurier, de houx, de gui, de pommes de pin et de rubans de couleur. Elle portait quatre bougies — une pour chaque semaine de l'Avent. La première était allumée au cours de la première semaine, et ainsi de suite jusqu'à Noël.

Cette tradition s'est ensuite répandue dans les pays scandinaves avant de gagner l'Amérique du Nord et une bonne partie de l'Europe. La couronne de Noël pouvait alors être suspendue au plafond pour servir de luminaire ou simplement déposée sur une table.

Pour certains, la forme de la couronne évoquerait la couronne d'épines que portait Jésus sur la croix. Pour d'autres, elle est plutôt le symbole du temps qui ne s'arrête jamais.

Source : Association française du sapin de Noël naturel, www.noel-vert.com

À LA FIN DE L'ANNÉE

À la toute dernière journée, prenez quelques minutes pour vous asseoir tous ensemble, dans le calme de l'obscurité. Vous pourriez à ce moment-là porter une lumière frontale et offrir à chacun des enfants une bougie d'anniversaire. Faites jouer la chanson *Vois sur ton chemin*. Ensuite, remettez le certificat *Continue de rechercher la lumière !* **(Voir fiche 19-b en annexe.)** Allumez la bougie d'un des élèves et demandez-lui, à l'aide de celle-ci, d'allumer la bougie de son voisin, et ainsi de suite à la chaîne, jusqu'à ce qu'elles s'allument toutes. Faites ce geste en chantant tous ensemble la chanson.

L'effet pop-corn

Chaque enfant naît avec sa part d'énergie et de volonté. Le milieu familial doit voir à développer cette force. Nous, éducateurs, devons continuer à la canaliser afin que nos élèves deviennent des adultes responsables. Comme le maïs qui se réchauffe, gonfle et éclate, l'enfant que l'on motive regorge d'énergie et a de plus en plus envie de s'éclater pleinement et d'utiliser le maximum de son potentiel.

AU DÉBUT DE L'ANNÉE

Faites du maïs soufflé dans la classe. Assurez-vous que les enfants entendent bien le bruit des grains qui tournent, qui éclatent et qui tombent dans le bol… Invitez-les à humer l'odeur du maïs… Demandez-leur si le maïs soufflé évoque des souvenirs amusants, des anecdotes, des histoires qu'ils pourraient raconter… Comparez l'énergie nécessaire à l'apprentissage à l'énergie potentielle contenue dans un grain de maïs prêt à éclater.

Racontez aux enfants l'histoire du grain de maïs. (D'où vient-il ? Comment est-il devenu dur ?)

Demandez aux élèves s'ils souhaitent goûter au grain non éclaté. Il serait étonnant que cela les intéresse. Le grain est dur, sans goût, peu attirant, un peu comme le serait la matière scolaire qui nous est encore inconnue.

Cependant, lorsque nous l'exposons à une source de chaleur, qu'arrive-t-il au grain ? (Il éclate, il devient tout gonflé, d'une belle couleur blanche… Il est appétissant !) Expliquez alors que lorsque l'enseignant présente une nouvelle matière, l'enfant devient comme le maïs. Son cerveau regorge d'énergie et se remplit de nouvelles informations. Avec la motivation nécessaire, l'enfant devient assoiffé d'apprentissages nouveaux.

Par la suite, explorez avec les élèves les sources d'énergie qu'on peut utiliser pour faire éclater le grain de maïs. Évidemment, il est possible de le faire au four, mais on peut également utiliser une machine à air chaud, un four à micro-ondes, un feu de camp, etc.

Montrez alors que c'est la même chose pour un enfant ! Il y a plusieurs outils qu'il peut utiliser pour comprendre la matière (pour s'éclater comme un maïs), comme poser davantage de questions ou aller chercher de l'aide supplémentaire de son entourage, de ses camarades de classe ou de sa famille.

Mais, au fond du bol, il reste toujours des grains qui n'ont pas éclaté ou qui sont brûlés. De la même manière, il arrive parfois

Le bloc-notes

Le saviez-vous ?

Il y a une seule variété de maïs qui produit le *pop-corn*. Le *mushroom* (ou *butterfly*) est cultivé dans les champs canadiens. Après la maturation de celui-ci, à la fin de l'été, des tonnes de grains sont transportées dans de grands séchoirs. Les grains de maïs sont chauffés pendant des heures à une température très élevée afin de réduire un certain pourcentage d'humidité. Quand les grains sont bien secs, ils sont vendus et distribués aux grandes compagnies alimentaires.

que l'élève ne comprenne pas une leçon ou n'arrive pas à assimiler un nouvel apprentissage, et ce, malgré tous les efforts et les énergies déployés. Vous devez alors tenter de nouvelles stratégies pour le faire éclater, c'est-à-dire pour lui faire comprendre la matière.

Afin de favoriser un bon ancrage de cette technique, il est intéressant de distribuer du maïs soufflé aux élèves et de leur en faire goûter de différentes saveurs.

Après avoir effectué cette activité et lors des semaines suivantes, faites un retour sur la métaphore en demandant : « Êtes-vous *pop-corn* aujourd'hui ? Avez-vous tous éclaté ? (Avez-vous compris la leçon ?) Y a-t-il des grains non éclatés par rapport à cette explication ou ce travail ? (Avez-vous besoin d'une récapitulation ?) Est-ce qu'il y en a qui ont besoin de se faire chauffer d'une autre façon ? (Avez-vous besoin d'aide supplémentaire ?) »

Le bloc-notes

Comment le *pop-corn* éclate-t-il ?

À une température d'au moins 175 degrés Celsius, l'eau condensée par la chaleur pénètre à l'intérieur du grain et fait gonfler l'amidon. Puisqu'il y a une forte pression à l'intérieur, l'enveloppe se déchire et l'amidon en sort.

Le maïs soufflé n'éclatera pas s'il n'y a pas assez d'humidité. Si c'est le cas, vous pouvez simplement le faire tremper dans l'eau pour qu'il retrouve son humidité et « hop », il éclatera !

PENDANT L'ANNÉE

- Pour récompenser les élèves après une dure semaine d'apprentissage ou d'évaluation, offrez du maïs soufflé tout chaud pour montrer que vous vous êtes tous bien éclatés.
- Cette métaphore peut aider les grains non éclatés à s'ouvrir en incitant les élèves à fournir plus d'énergie. Vous pouvez également rappeler les sources de chaleur qui font exploser les grains de maïs (comme demander de l'aide, chercher des ressources supplémentaires, etc.).
- Faites des expériences avec des grains de maïs non éclatés : tentez de les faire chauffer en y ajoutant (toujours de la manière la plus sécuritaire possible) diverses substances (comme du vinaigre, de l'eau salée, des produits chimiques, du colorant alimentaire, etc.). Qu'arrive-t-il ? Est-il possible de faire éclater le maïs ainsi ? En fait, lorsque certaines substances sont ajoutées, le grain ne peut pas éclater. Cette activité pourrait devenir une métaphore intéressante pour parler des effets néfastes des psychotropes, de la mauvaise influence de certains pairs, des désavantages à garder un mauvais secret, etc.
- Pendant la période qui précède le congé de Noël, confectionnez une guirlande de *pop-corn* de toutes les couleurs (utilisez pour ce faire du colorant alimentaire ou de la peinture en poudre).
- Faites un bonhomme de neige en maïs soufflé : faites des boules avec du *pop-corn* et du miel. Décorez votre bonhomme à l'aide de friandises de toutes sortes.
- Avant une évaluation, distribuez du maïs soufflé pour réactiver le plaisir et rappeler aux enfants quelles sont leurs ressources pour réussir.

- Faites une compétition du « meilleur lanceur de maïs soufflé dans la bouche ».
- Visionnez un film en mangeant du *pop-corn*.

À LA FIN DE L'ANNÉE

Remettez aux élèves un certificat personnalisé pour les féliciter de l'année qu'ils ont passée. **(Voir fiche 20-a en annexe.)**

Obtenez des coupons de réduction chez un détaillant de maïs soufflé et remettez-les aux enfants.

Célébrez la fin de l'année avec du *pop-corn* à volonté pour tous !

Le bloc-notes

Le *pop-corn* : toute une histoire !

La découverte du maïs soufflé reste encore de nos jours un grand mystère. Cependant, on sait que le premier grain soufflé n'était pas du maïs, mais bien de l'orge. Il semble que les anciens les faisaient éclater en mettant les grains dans du sable chauffé.

En 1612, Christophe Colomb a rapporté que les Iroquois cultivaient du maïs et qu'ils savaient le faire éclater. Ceux-ci l'utilisaient dans leur alimentation et en faisaient des décorations lors de grandes cérémonies religieuses.

Les premiers colons américains se servaient de ce grain soufflé pour le consommer en céréale. Ils en mangeaient avec de la crème et du sucre au petit déjeuner. Ce fut la première céréale soufflée. C'est au milieu du XVIIIe siècle que les Américains commencèrent à cultiver le maïs.

Vers 1950, des archéologues ont découvert des grains de maïs vieux de 1 000 ans. Ils étaient si bien conservés qu'ils ont même réussi à les faire éclater !

La fourmilière

Pour réussir notre vie, il est essentiel de travailler. L'élève doit apprendre à s'entendre avec les autres et à découvrir ses capacités. Le travail d'équipe l'encourage à s'adapter aux autres, à partager son savoir et les tâches à accomplir. En outre, travailler en groupe aide l'enfant à découvrir son rôle, sa place. Il est important de faire valoir ce rôle en classe.

AU DÉBUT DE L'ANNÉE

Avant d'appliquer cette technique, il importe de se renseigner sur les fourmis. Vous retrouverez quelques informations pertinentes sur celles-ci dans l'encadré ci-dessous.

Commencez cette technique en lisant un livre ou en visionnant un court documentaire sur la vie terrestre et souterraine des fourmis. Laissez les jeunes s'exprimer sur les tâches qu'elles exécutent. Expliquez-leur que chacune a sa place bien définie dans la fourmilière (le patron, l'entrepreneur, les ouvrières, les surveillants, etc.) et qu'il est très important que les fourmis gardent leur place et qu'elles travaillent pour survivre. Les fourmis règlent leurs conflits aussitôt qu'ils surviennent. La fourmilière avec ses galeries déborde toujours d'énergie et d'activités (comme une salle de classe). Posez-leur alors la question suivante : « Aimeriez-vous qu'ensemble nous construisions un modèle gigantesque de fourmilière ? » Dirigez vos élèves au gymnase ou à l'extérieur pour accomplir votre activité. « En colonie, allons bâtir une fourmilière ! »

Le bloc-notes

Le monde des fourmis

Les fourmis vivent en colonie sous la terre, dans les troncs des arbres ou dans des nids faits de feuilles qu'elles tissent avec de la soie. On peut en compter plus d'un million dans la même colonie ! Celle-ci comprend plusieurs galeries qui servent d'entreposage pour les œufs, les larves et la nourriture. C'est également à cet endroit que vit la reine. Saviez-vous qu'une colonie peut être habitée par plus d'une reine ? Lorsque deux espèces de fourmis partagent la même fourmilière, on dit alors qu'il s'agit d'une colonie mixte.

Des fourmis de trois principaux types existent : la reine, le roi et les ouvrières. La reine peut vivre de 10 à 15 ans. Le roi, quant à lui, meurt après la fécondation. Selon sa grosseur, l'ouvrière devra assumer plusieurs fonctions différentes au cours de sa vie. Elle pourra être appelée à transporter la nourriture, à garder l'entrée de la fourmilière, à entreposer la nourriture, à prendre soin des œufs ou des larves, ou enfin à creuser des galeries.

La fourmi se développe en plusieurs étapes. D'abord contenue dans un œuf, elle passe au statut de larve et de pupe (ou nymphe), pour ensuite devenir jeune fourmi et, enfin, fourmi adulte. Chez certaines espèces, la nymphe se protège en se fabriquant un cocon. Le pivert, les lézards, les grenouilles, les crapauds, les scarabées et le fameux fourmilier sont quelques-uns des ennemis naturels des fourmis. Lorsqu'elles sont attaquées, celles-ci se défendent en mordant, en projetant du venin ou en piquant avec leur aiguillon.

Assurez-vous que le matériel requis se trouve à l'endroit choisi (une vingtaine de longues cordes à danser et plusieurs ballons de différentes grosseurs, dont un significativement plus gros que les autres). Expliquez l'activité. Avec les jouets, les élèves participeront à la construction d'une fourmilière. Les cordes représentent les murs des galeries. Le plus gros ballon désigne la reine ; les plus petits ballons, les œufs ; ceux qui sont un peu plus gros, les larves de fourmis ; les ballons moyens, les pupes ; et les derniers ballons, les jeunes fourmis.

Laissez à la classe environ 15 minutes pour construire une fourmilière. Observez et notez les différents rôles que les jeunes adoptent. (Le leader, le suiveur, la personne qui travaille seule, l'élève qui n'aime pas recevoir des ordres, l'élève qui s'implique plus ou moins, etc.) Notez qui sont ceux qui ont de l'initiative, ceux qui prennent bien les ordres, ceux qui restent à l'écart, etc.

À la fin, faites un retour sur l'activité. « Comment avez-vous procédé pour bâtir votre fourmilière ? Avez-vous aimé travailler en colonie ? Avez-vous trouvé cette activité stressante ? Qui a pris le groupe en charge ? » Laissez les jeunes s'exprimer sur l'expérience qu'ils viennent de vivre. La colonie ressemble-t-elle à une classe, à une famille, à la société ? Dans la vie, chacun a un rôle important à jouer. Comme dans le monde animal, chacun prend soin de quelqu'un d'autre. Qu'adviendrait-il si la colonie se retrouvait sans leader, sans travailleur, sans surveillant ?

Tracez ensuite le parallèle entre cette activité et la vie quotidienne de vos élèves. Tout au long de notre vie, nous aurons un rôle à jouer, une place à garder. Probablement que plusieurs d'entre vous rêvent déjà à leur rôle futur. À la naissance, nous sommes dépendants de nos parents, comme les œufs et les larves des fourmis. Petit à petit, nous développons notre personnalité et nos aptitudes. Déjà, nous apprenons notre rôle dans la famille. Lorsque nous commençons l'école, nous modifions notre « charge ». Nous pouvons jouer différents rôles selon le contexte. Au fur et à mesure que nous vieillissons, nos aptitudes et notre mission se définissent.

Chaque rôle est important au sein de la classe et permet à cette « petite société » de bien fonctionner. En effet, nous avons besoin de chefs, d'entrepreneurs, d'innovateurs et même de clowns !

En discutant avec vos élèves, nommez les capacités particulières de chacun d'eux (identifiez les leaders, les entrepreneurs, les ouvriers, etc.). Ensemble, définissez le rôle de chacun et créez un organigramme, sans écrire les noms des élèves. Évidemment, la reine (vous !) devra se trouver tout en haut de l'organigramme. Attention de ne pas trop souligner les comportements dérangeants : nous ne voudrions pas qu'ils prennent davantage de place. Affichez l'organigramme dans un endroit visible de la classe. Insistez sur le fait qu'il est nécessaire de respecter le rôle et les tâches de chacun, car tous sont très importants.

Voici quelques exemples des tâches que chacun devrait accomplir.

LEADERS :

> *Donner le bon exemple.*

> *Respecter les choix et les autres rôles.*

> *Encourager les élèves à participer au bon fonctionnement dans la classe.*

> *Remettre ses travaux à temps.*

> *Faire penser aux autres d'étudier, de faire leurs devoirs, etc.*

> *Guider.*

> *Voir au partage des tâches.*
> *Proposer et organiser des activités avec l'aide d'un professeur.*
> *Encourager les plus vulnérables à s'ouvrir aux autres.*
> *Parler à l'enseignant des problèmes ou des malaises qui peuvent exister dans la classe.*

ENTREPRENEURS :

> *Seconder les chefs (leaders) dans leurs démarches.*
> *Encourager les autres élèves à respecter les autres et à se faire respecter.*
> *Pendant une activité, aider ceux qui ont plus de difficulté dans leurs travaux, évaluations, etc.*
> *Voir à ce que la paix règne.*

OUVRIERS :

> *Écouter et respecter l'aide des leaders et des entrepreneurs.*
> *Demander du soutien pour l'exécution de certaines tâches.*
> *Faire leurs devoirs assidûment.*
> *Remettre les travaux à la bonne date.*
> *Compléter leurs évaluations.*
> *Ne pas hésiter à demander de l'aide si nécessaire.*
> *Demander de l'aide ou des conseils lors des conflits.*

Saviez-vous que la fourmi peut soulever 100 fois son poids ? Aimeriez-vous être aussi fort ? Pensez-vous que le stress peut être lourd ? Comment êtes-vous lorsque vous vous sentez invincible ? Est-ce que la fourmi peut être vulnérable ? Sommes-nous vulnérables par rapport à l'intimidation, à la violence verbale, physique ou même sexuelle (inceste) ? Pensez-vous que la fourmi possède un moyen de défense ?

Les insectes et les animaux naissent avec des moyens de défense. Quant à l'être humain, il naît avec une intelligence. Quels sont nos moyens « intellectuels » de défense ? Ces moyens sont-ils gagnants ?

Nous avons beaucoup à apprendre et à découvrir. C'est en travaillant fort comme une fourmi que nous prendrons notre place dans la classe, dans notre famille et dans notre société. Ensemble, nous pouvons y parvenir !

PENDANT L'ANNÉE

Dans chacune des activités suivantes, il est important de faire ressortir le travail acharné de la fourmi et l'importance de ses responsabilités particulières. Insistez sur la nécessité d'aller de l'avant pour contribuer à la réussite de l'ensemble de la colonie (ou de la classe). De même, insistez souvent pour que chaque élève-fourmi s'applique dans ses tâches, qu'il accomplisse ses travaux avec soin et minutie de façon à collaborer à l'harmonie et à la réussite de la classe. Demandez fréquemment à vos élèves s'ils ont été de bonnes fourmis aujourd'hui. Lors des déséquilibres ou des difficultés, utilisez cette métaphore pour trouver ce que les fourmis feraient en pareille situation pour rétablir l'harmonie. Questionnez-les de temps en temps pour savoir s'ils sentent qu'ils ont bien contribué à la colonie au courant de la journée ou de la semaine, etc. En fait, cette métaphore est une occasion formidable pour amener les enfants à prendre conscience de leur importance dans le groupe et pour contribuer à celui-ci de manière positive, ce qui fait véritablement une différence.

- Effectuez une recherche sur les espèces de fourmis vivant dans différentes régions de la planète.

- Chez les plus jeunes, étudiez l'anatomie de la fourmi (la tête, le thorax et l'abdomen).

- Créez une fourmi de la façon suivante :

  >***Matériel :*** *trois boules de pâte à modeler (brune, noire ou rouge) : une boule d'environ 2 cm de diamètre, une autre boule de 1 cm et la dernière, de 0,5 cm ; quatre tiges de cure-pipe noires.*

  >***Instructions :*** *Fixez les trois boules de pâte à modeler ensemble à l'aide de petits morceaux de cure-pipe noirs de 1 cm de longueur. Prenez deux autres cure-pipes et coupez chacun d'eux en trois parties égales. Placez-les sur les côtés du corps de la fourmi pour faire les pattes. Coupez quatre autres bouts de 1 cm pour représenter les antennes et les mandibules. Terminez la fourmi en enfonçant de petites pierres sur sa tête afin de lui faire des yeux. Chacun présentera sa fourmi et le rôle de celle-ci (rôle qui sera apparenté à son propre rôle dans la classe).*

- Aidez les plus vieux à découvrir leur sens du leadership en les incitant à organiser une journée d'activités pour les plus petits (par exemple, ils pourraient penser à une activité spéciale pour l'Halloween ou pour Noël, à une journée champêtre, etc.).

- Pendant le cours de sciences, fabriquez une fourmilière avec différents matériaux choisis par les élèves. Placez-y les fourmis de pâte à modeler que les enfants auront fabriquées auparavant. Exposez le tout à l'entrée de l'école, accompagné d'une banderole sur laquelle sera inscrit un message soulignant l'importance du travail en équipe.

- Attrapez des fourmis dans la cour d'école afin de les observer et d'étudier leur comportement. Avec trois contenants transparents, coupez des morceaux de fruits et installez-les à l'extérieur, préférablement près d'une colonie de fourmis. Après quelques jours, ramassez vos contenants et remettez le couvercle sur chacun. Vous pouvez maintenant observer vos fourmis à l'aide d'une loupe.

- Décorez la porte de votre classe avec autant de fourmis en carton qu'il y a d'élèves dans la classe. Prenez soin également d'y représenter la reine (c'est-à-dire vous !). Au-dessus de ce chef-d'œuvre, inscrivez la phrase suivante : « Ça fourmille dans cette colonie ! »

- Invitez un entomologiste à venir présenter quelques insectes, tout en précisant leur rôle dans leur habitat naturel.

- Organisez une journée spéciale afin de souligner le rôle de chacun dans la classe.

- Dans une animalerie, achetez une fourmilière que vous installerez dans la classe. Chacun, à son tour, doit s'en occuper. Cette activité peut devenir un privilège ou une responsabilité de fin de semaine. L'enfant pourrait apporter la fourmilière à la maison et expliquer à son tour la technique enseignée. Ensemble, observez souvent les fourmis travailler.

- Lisez la fable *La cigale et la fourmi* de Jean de La Fontaine. Utilisez cette activité durant une période où les élèves sont en évaluation. Comparez le travail de la fourmi aux tâches qu'ils doivent accomplir pour avoir un beau bulletin. Si nous agissons comme la cigale, notre résultat sera faible. Si nous travaillons comme la fourmi, nous aurons un résultat plus juste.

- Chez les élèves plus âgés, faites un débat sur la fable de La Fontaine. Une partie de la classe doit défendre la cigale, alors que l'autre prend le parti de la fourmi. Qui arrivera à convaincre les autres que son personnage a la meilleure attitude ?

À LA FIN DE L'ANNÉE

Visitez un insectarium. Demandez aux naturalistes sur place de faire un atelier spécialement sur les fourmis.

Organisez un tirage au sort lors duquel le prix sera la fourmilière.

Faites découper le modèle de fourmi ou le modèle de bracelet décoré de petites fourmis **(voir fiche 21-a en annexe)** et demandez aux élèves de choisir une phrase et de l'écrire à l'endos. Après, l'élève choisit une personne dans la classe et lui offre son œuvre. Voici des exemples de phrases que vous pourriez proposer à vos élèves :

« On doit apprendre à vivre en société et à travailler ensemble pour arriver au bien-être de chacun. »

« Chaque fois que tu verras une fourmi, tu pourras te dire : "J'ai ma place !" »

« Découvre ton rôle dans la société. »

« J'ai mon rôle à jouer ! »

« Je respecte le rôle de chacun ! »

« Travaillons ensemble ! »

La recette spéciale

Il n'est pas toujours évident pour les enfants d'être respectueux ou coopératifs. Ils ont parfois de la difficulté à bien saisir la définition de ces termes qu'ils entendent pourtant bien souvent. Voici une activité originale qui leur permettra de bien comprendre ce qu'on attend d'eux.

AU DÉBUT DE L'ANNÉE

Vous pourriez commencer l'année en faisant une recette avec les enfants. Nous vous suggérons d'opter pour un dessert, parce qu'ils sont en général très populaires et que plusieurs sont délicieux lorsqu'ils sont servis froids. Insistez sur le fait que la préparation d'un bon dessert ou d'un succulent repas requiert de bons ingrédients et nécessite de suivre correctement la démarche proposée. Une fois le dessert confectionné, comparez sa réalisation à une bonne atmosphère de travail : « Quelle serait la recette idéale pour coopérer et se respecter ? » Expliquez-leur ensuite que cette année, en classe, ce seront eux les auteurs de ces fameuses recettes.

Il serait important d'amorcer la création des recettes dès septembre. Vous pourrez ensuite, dans les mois suivants ou lorsqu'un problème survient, ajouter de nouvelles recettes.

> **Le bloc-notes**
>
> **Dessert aux barres Mars**
>
> *Ingrédients* :
> - 4 barres Mars
> - 375 ml de beurre
> - 750 ml de céréales (type *Rice Krispies*)
> - 300 g de pépites de chocolat au lait
>
> *Préparation* : faites fondre les barres Mars et le beurre au four à micro-ondes pendant environ deux minutes ou jusqu'à ce que le mélange acquière une consistance semi-liquide lorsque vous le brassez. Ajoutez les céréales et mélangez bien. Étendez cette mixture dans un moule carré de 20 cm. Faites fondre les pépites de chocolat et étendez-les sur le premier mélange. Mettez le tout au réfrigérateur. Une fois refroidi, coupez en carrés et servez. Bon appétit !

PENDANT L'ANNÉE

- Lorsque vous voyez qu'un élève éprouve de la difficulté à appliquer une des recettes, faites la liste d'épicerie avec lui ! Cela consiste à dresser la liste des ingrédients nécessaires à la réussite de la recette, c'est-à-dire de la tâche à effectuer ou de l'activité à réaliser. Il serait important de demander à l'élève comment il pourrait développer plus de patience, de motivation, de concentration, comment mieux réussir à l'école, comment se faire des amis, etc. Assurez-vous qu'il élabore un plan pour acquérir les ingrédients nécessaires. On peut, de façon humoristique, improviser de courtes situations théâtrales dans lesquelles des personnages feraient l'achat des éléments manquants.

- Fabriquez un grand livre dans lequel seraient regroupées les recettes composées par les enfants. Sur la page couverture, on pourrait lire : *Livre de recettes des Chefs Marmitons* **(voir fiche 22-a en annexe)**. Il y aurait aussi l'image d'un gros chapeau de cuisinier dans lequel tous les élèves de la classe signeraient leurs noms **(voir**

fiche 22-a en annexe). À la fin, on retrouverait un index de toutes les recettes. Vous pourriez suggérer à un imprimeur local de s'impliquer dans le projet en commanditant l'impression ou la reliure du livre de recettes. Sur la dernière page, inscrivez que la réalisation de ce livre a été rendue possible grâce à cet imprimeur.

Le bloc-notes

Recette pour avoir du plaisir à l'école

Ingrédients :
- Se faire des amis.
- Bien réussir son année.
- Faire ses devoirs efficacement.
- Bien écouter.
- Respecter les autres.
- Coopérer.
- Profiter des congés pour se reposer et pour s'amuser.

- Demandez-leur de nommer leur plat favori et d'apporter la recette à l'école. Leurs sens ainsi chargés positivement, ils devront expliquer en quoi leur recette en particulier se distingue des autres pour faire un plat semblable. Par exemple, qu'est-ce qui fait que maman réussit mieux cette recette que papa ? Amenez-les à réaliser que malgré les « ingrédients » qui composent une recette, chacun doit y apporter son propre style, ses propres « épices » personnelles pour que ce soit vraiment spécial.

- Un matin, accueillez les enfants en leur offrant chacun une toque de chef. Dites-leur qu'ils doivent sélectionner une recette pour vivre une journée exceptionnelle avec soi et avec les autres. Si cette activité est réalisée assez tôt dans l'année et qu'elle s'avère un succès, vous pourriez leur proposer d'être le chef de leur vie pour deux jours, trois jours et éventuellement pour toute une semaine !

À LA FIN DE L'ANNÉE

En fin d'année, remettez le livre de recettes et les toques de chef aux enfants. Mentionnez que les créations des *Chefs Marmitons* leur seront utiles pour toujours puisque les recettes pour réussir à l'école sont relativement les mêmes que pour réussir dans la vie.

L'imitation

Le but est d'amener les élèves à réaliser que chaque enfant possède sa propre façon de ressentir, de vivre et d'apprendre. Cet exercice leur permettra de s'ouvrir à ce que les autres ont à leur apporter. Il leur permettra également de se rendre compte de l'importance des influences des autres. Même si on a tendance à imiter, parfois automatiquement, toutes sortes de comportements, bons ou mauvais, il est important d'enseigner aux enfants qu'il est possible de choisir ses modèles. Il faut être vigilant et viser ceux qui nous permettront de devenir ce que l'on souhaite vraiment.

AU DÉBUT DE L'ANNÉE

Demandez aux élèves de se placer debout en cercle. Chacun doit dire son nom de manière originale et exécuter un petit salut particulier. Par exemple, ils pourraient poser un genou par terre, sauter dans les airs ou simplement lever les bras. Par la suite, tous les autres participants doivent imiter le geste de l'élève. Ainsi, vous leur apprenez à être à l'écoute de l'autre, à l'imiter et à respecter sa façon d'être.

PENDANT L'ANNÉE

- À quelques reprises pendant l'année scolaire, nommez un élève «vedette du jour». Pendant toute la journée (ou toute la semaine, à vous de décider), les autres élèves doivent l'imiter, en prenant bien soin de se concentrer seulement sur ses points forts. Chaque vedette doit faire découvrir quelque chose aux autres : son plat préféré, sa chanson favorite, etc. Les autres sont alors invités à reproduire tout ce que la vedette aime faire : ils mangent ce qu'elle mange, ils pratiquent son sport préféré, sans juger ses goûts. Si, par exemple, la petite fille aime sauter à la corde, durant la récréation, tout le monde bondit ! Chaque vedette est amenée à faire preuve d'initiative et de leadership pour inciter les autres à l'imiter.

- Le fait d'avoir un mentor ou un maître permet souvent d'assimiler plus facilement et plus rapidement de nouveaux savoirs. Invitez les élèves à se choisir un maître dans l'école, quelqu'un qui a une façon intéressante d'être, de se comporter, de se faire des amis, de réussir dans une matière. Encouragez-les à apprendre des meilleurs.

- Demandez-leur de faire une recherche sur les grands maîtres : Martin Luther King, mère Teresa ou Gandhi. Qu'ont-ils fait et pourquoi plusieurs ont-ils tenté de les imiter ? Il est alors important de faire comprendre aux enfants que, effectivement, ils se doivent d'apprendre des autres pour s'améliorer eux-mêmes.

- Amenez vos élèves à développer ou à acquérir une nouvelle qualité. Quelles sont les qualités qu'ils souhaitent développer ? Quel maître décident-ils de choisir pour les aider à y arriver ? Faites-leur prendre conscience qu'ils peuvent aussi servir de modèle pour les autres. Certains voudront les imiter. Quels aspects positifs de leur personnalité seraient utiles aux autres ? Qu'ont-ils imité de leur père ou de leur mère ? Insistez sur le fait qu'ils possèdent indéniablement des qualités et des caractéristiques qui leur sont propres, mais qu'ils ont également été influencés par les membres de leur entourage.

À LA FIN DE L'ANNÉE

Pour bien célébrer la fin de l'année, offrez-leur une carte en forme de cœur **(voir fiche 23-a en annexe)** sur laquelle il est écrit : « Imitez-moi ! » À l'intérieur, prenez soin d'inscrire une qualité que l'enfant possède et que tout le monde aurait intérêt à imiter. Cela leur permettra de se mettre en valeur et de continuer de nourrir cette force particulière que vous aurez décelée chez eux.

Le bloc-notes

Mur à mur

Le lundi matin, pour stimuler le groupe, demandez aux enfants de se placer en ligne au centre de la classe, l'un derrière l'autre. Placez-vous à la tête de la ligne, debout sur une chaise. Expliquez-leur que le mur de gauche représente ceux qui ont passé une excellente fin de semaine, et celui de droite, ceux qui ont passé une très mauvaise fin de semaine. Demandez-leur alors de se déplacer et de se placer à l'endroit qui représente le mieux leur appréciation de leur fin de semaine. Évidemment, les jeunes peuvent se placer un peu partout entre les deux pôles. Voilà un moyen efficace et original de s'informer de la fin de semaine des enfants. Vous augmentez ainsi leur intelligence émotionnelle parce qu'ils prennent conscience d'eux-mêmes et de leur propre opinion sur leur vie, et ce, en engageant toutes les parties de leur être !

Le premier avantage de cette activité est que les enfants répondent avec leur corps plutôt qu'avec leur voix. Les enfants s'expriment beaucoup plus facilement de cette façon. Par ailleurs, comme le corps ne sait pas mentir, vous obtenez une réponse beaucoup plus valide et fiable. D'autre part, vous les amenez à développer une conscience d'eux-mêmes, d'où ils se situent. Cet exercice peut être utilisé dans d'autres contextes. Par exemple, vous pouvez établir que le mur de gauche représente ceux qui veulent réussir leur année et, celui de droite, ceux qui veulent échouer. Vous aurez ainsi un bon aperçu de la motivation de vos élèves. Ceux qui vont littéralement se coller sur le mur de gauche vous indiquent qu'ils sont prêts à faire beaucoup d'efforts pour réussir leur année ! Ceux qui se tiennent au centre cultivent peut-être un préjugé selon lequel ils n'y parviendront pas...

Vous pouvez aussi demander aux élèves d'utiliser leur corps pour changer leur position. Par exemple, demandez à ceux placés au milieu de se tourner en direction du mur de gauche. Invitez-les ensuite à se déplacer vers ce mur. Cette démarche sèmera l'idée d'une possible progression vers la réussite. Demandez-leur comment ils se sentiraient s'ils arrivaient à se retrouver en meilleure position en fin d'année. Même s'il leur sera peut-être difficile d'exprimer exactement ce qu'ils ressentent, le corps est un puissant système de vibration qui fait que le simple fait de se positionner différemment permet de semer la possibilité de réussir. Vous aurez, à travers cet exercice, une réponse plus juste, plus valide, significative et riche.

Voici d'autres suggestions d'utilisation de cette technique :

- MUR DE GAUCHE : ceux qui souhaitent se faire de nouveaux amis.
  MUR DE DROITE : ceux qui ne souhaitent pas se faire de nouveaux amis.

- MUR DE GAUCHE : ceux qui souhaitent travailler fort dans leurs travaux de ce soir.
  MUR DE DROITE : ceux qui ne comptent pas travailler fort.

- MUR DE GAUCHE : ceux qui veulent aider les autres.
  MUR DE DROITE : ceux qui ne veulent pas aider les autres.

Le totem

Chefs-d'œuvre des premiers aborigènes du Canada, les totems étaient la mémoire des hommes, des femmes et des enfants des Premières Nations. Ils racontaient l'histoire de la tribu et ils étaient des symboles importants de respect. Ils étaient dotés d'un pouvoir significatif.

Afin d'amorcer cette activité, amenez les enfants à réaliser que durant l'année scolaire, beaucoup d'activités enrichissantes leur sont présentées. Certaines d'entre elles resteront gravées dans leurs mémoires comme sur un totem. « Ensemble, créons notre totem ! »

AU DÉBUT DE L'ANNÉE

Pour rendre l'activité intrigante et captivante, créez une ambiance « amérindienne » : tamisez la lumière, faites jouer une musique autochtone ou l'enregistrement d'un bruit de feu qui crépite. Si possible, déguisez-vous en Amérindien et entrez en classe au son d'un tam-tam. Discutez avec les enfants des valeurs et des coutumes des Amérindiens. Expliquez-leur l'origine du totem.

Comparez maintenant le totem à l'aventure que vous allez vivre avec votre classe durant toute l'année scolaire. Même si l'apprentissage semble monotone aux yeux de certains enfants, certaines activités pourraient s'avérer fort intéressantes… Vous pouvez expliquer à la classe quels sont les nouveaux apprentissages qu'ils acquerront, les nouveaux défis qu'ils devront relever, et leur énumérer certaines activités qui seront au menu pour l'année. Cela aidera l'enfant moins motivé à avoir une meilleure idée de ce qui l'attend. Suggérez ensuite à la classe de créer un totem pour représenter leurs activités préférées.

Ensemble, choisissez les matériaux que vous allez utiliser pour fabriquer votre totem.

Par exemple, vous pourriez ramasser des boîtes de carton de différentes grosseurs, des pots de plastique, des cylindres cartonnés, de la pâte à modeler, de la glaise ou tout autre médium intéressant qui vous viendra à l'esprit.

> **Le bloc-notes**
>
> **Un peu d'histoire…**
>
> Le mot « totem » est un mot amérindien de la tribu des Algonquins. Autrefois, le totem était sculpté dans le bois. Il représentait généralement des animaux puissants. Il décrivait une histoire, une vie, un exploit ou même une aventure d'une personne très bien en vue dans la communauté. De grandeur impressionnante, cet objet respecté devenait le protecteur de la tribu.

Une fois par mois environ, choisissez ensemble l'activité qui a le plus marqué les élèves. Demandez à des volontaires de créer un plan de décoration représentant l'activité primée. Par la suite, fabriquez la section du totem en reproduisant leur schéma à l'aide de la technique choisie. Ils pourront utiliser différents médiums (comme le dessin ou le collage) et toutes sortes de matériaux (par exemple, une bonne idée serait de coller des boules de ouate pour évoquer la neige, de prendre du papier de soie pour fabriquer des fleurs, etc.). Laissez-les trouver toutes sortes de possibilités par eux-mêmes et créer leur totem à leur manière.

Quand la section du totem correspondant à l'activité choisie est terminée, glissez-la ou collez-la sur le support qui servira de base à la fabrication du totem. Exposez le totem avec fierté dans la classe pour que les élèves puissent bien le voir. Poursuivez ainsi de mois en mois, en vous remémorant chaque fois les activités les plus amusantes et les plus significatives réalisées.

Voici comment vous pourriez confectionner un support pour le totem avec un simple manche à balai et deux morceaux de bois.

1) *Prenez deux carrés de bois : le premier devra avoir une dimension de 17 cm x 17 cm (sur 4 cm d'épaisseur) et le second, de 20 cm x 20 cm (sur 4 cm d'épaisseur).*
2) *Collez et vissez le plus petit morceau de bois sur le plus grand.*
3) *Percez un trou d'environ 5 cm de profondeur et de la grosseur d'un manche à balai au centre du plus petit carré.*
4) *Mettez de la colle à bois dans le trou et enfoncez-y le bout du manche à balai.*

PENDANT L'ANNÉE

- Faites une recherche sur les autochtones, sur les différentes tribus qui existent ou qui ont déjà existé au Canada.
- Invitez une personne (si possible amérindienne) qui pourrait parler de ses coutumes et de ses traditions.
- Choisissez un grand chef (c'est-à-dire un responsable de la classe) pour la semaine.
- En musique, apprenez différentes chansons et danses amérindiennes.
- En arts visuels, confectionnez des tam-tams, des coiffures ornées de plumes, des colliers, etc.
- Changez votre prénom et ceux des enfants pour des prénoms à consonance amérindienne (par exemple, la jeune fille dynamique de la classe pourrait maintenant s'appeler « Feu de joie »). Interpellez-vous par ces prénoms pendant une semaine.
- Trouvez un nom de tribu amérindienne pour votre classe.
- Lors d'un rassemblement, présentez une danse amérindienne.

À LA FIN DE L'ANNÉE

Afin de conserver un beau souvenir de cette activité, photographiez l'enfant près du totem. Vous pouvez mettre un peu de fantaisie en le déguisant avec un costume traditionnel amérindien. Fabriquez un bandeau décoré de plumes sur lequel vous inscrirez le nom autochtone de chaque enfant **(voir fiche 24-a en annexe)**. Faites une célébration autour du totem.

Des livres au kilo

La lecture ouvre des horizons nouveaux et est essentielle à l'apprentissage. Le but de cette activité est de faire la promotion de la lecture d'une manière fort originale, c'est-à-dire en tentant d'atteindre, en nombre de livres lus, le poids de certains animaux. Mettez votre classe — ou toute l'école — au défi ! Feront-ils le poids ?

AU DÉBUT DE L'ANNÉE

Pour capter l'attention et éveiller la curiosité chez vos élèves, arrivez en classe avec un pèse-personne. Demandez-leur de nommer l'outil et de préciser à quoi il sert.

Amusez-vous à peser différents objets, des fruits et même quelques élèves volontaires. Faites un jeu de devinettes. Combien pèse tel ou tel objet ? L'enfant répondra en mesures de poids métriques, car c'est ce qu'il a appris. Expliquez qu'il existe plusieurs sortes de balances. L'élève pourra en nommer (pèse-lettre, pèse-bébé, balance à gravier, à objets légers ou à objets très lourds, etc.).

Faites l'expérience suivante avec une éponge, une balance (un pèse-personne) et de l'eau. Expliquez à l'élève que plus on apprend, plus notre cerveau se remplit, comme l'éponge trempée dans l'eau. Faites-en l'expérience : pesez l'éponge sèche et l'éponge pleine d'eau. Laquelle est la plus pesante ?

Expliquez qu'il existe d'autres façons de dire le poids des objets. Au temps de nos grands-parents, les gens utilisaient le système impérial, c'est-à-dire que le poids des choses était calculé en onces, en livres et en tonnes, et non en milligrammes et en kilogrammes comme aujourd'hui. Ce système impérial venait de l'Angleterre. Comme le marché exigeait des mesures plus précises, le gouvernement canadien a adopté, en 1980, le système métrique, maintenant utilisé dans presque tous les pays. Les gens ont dû réapprendre à mesurer le poids, la longueur et même la température (les degrés Fahrenheit ont été remplacés par les Celcius). Les livres devenaient des kilogrammes, les milles devenaient des kilomètres, etc. Ce fut une grosse adaptation pour nos grands-parents. Encore aujourd'hui, les États-Unis et l'Angleterre utilisent le système impérial.

Revenez ensuite sur le poids des choses. Signalez aux enfants qu'après toutes les mesures qu'ils ont prises, ils connaissent maintenant le poids de plusieurs objets différents. Demandez-leur s'ils aimeraient connaître le poids de certains animaux. (Par exemple, combien pèsent un chimpanzé, une gazelle, un lion ?) Soulignez alors le fait que, comme il n'y a pas de lion dans la classe, il faudra lire un peu sur le sujet et rechercher l'information dans les livres ou dans Internet…

Une façon fort amusante d'apprendre sans déployer trop d'effort est sûrement la lecture. Celle-ci fait place à l'imagination, tout en enrichissant le vocabulaire. Plus nous lisons, plus notre cerveau (comme l'éponge) sera comblé.

Faites remarquer à vos élèves que ces deux notions (celle de la lecture et celle du poids des choses) font intervenir deux homonymes du mot « livre » : le livre de lecture et la livre comme mesure de poids en système impérial. (Par la même occasion, enseignez-leur qu'une livre égale 2,2 kg.)

Affichez des dessins d'animaux dans un endroit très passant et bien visible. Sous chaque dessin, inscrivez le poids arrondi de l'animal.

Voici quelques exemples que vous pourriez utiliser comme « étalons de mesure » dans l'ensemble de l'école.

> *Chimpanzé (60 kg/120 livres)*
> *Gazelle (100 kg/200 livres)*
> *Lion (210 kg/420 livres)*
> *Zèbre (300 kg/600 livres)*
> *Girafe (800 kg/1 600 livres)*
> *Hippopotame (1 500 kg/3 000 livres)*
> *Éléphant (3 500 kg/7 000 livres)*

Chaque fois que l'enfant aura lu UN livre, il pourra comptabiliser UNE livre (ce qui correspondra à 2,2 kg). Il devra alors écrire son nom et le titre du livre qu'il a lu sur la fiche-balance proposée ici. Il collera ensuite ce carton près de l'animal le plus léger. Le but est d'atteindre, collectivement, le poids de l'animal en livres. Quand le poids de l'animal est atteint, il passe à l'animal suivant, en allant du plus léger au plus lourd. (Si vous souhaitez atteindre plus rapidement un objectif plus élevé, vous pourriez décider qu'UN livre lu correspond à 10 livres [donc 10 x 2,2 kg].)

Cette activité nécessite également la participation des parents. Chaque fois que l'enfant lit un livre à la maison, le parent devra signer une feuille portant le nom de l'enfant et le titre du livre lu. Cette information devra être reportée sur une fiche-balance **(voir fiche 25-a en annexe)** et collée près de l'animal ciblé.

PENDANT L'ANNÉE

- Étudiez les différents animaux en vedette.
- Présentez les nouveautés de la bibliothèque de l'école.
- Demandez à un professionnel de la communauté de venir discuter avec votre classe de l'importance de la lecture dans sa profession.
- Organisez un coin-lecture dans la classe.
- Aménagez un « havre de lecture » dans l'entrée de l'école (un endroit où les élèves pourront aller lire).
- Installez-vous à l'extérieur pour la période de lecture silencieuse ou pour lire un conte.
- Présentez des livres qui portent sur les thèmes à l'étude.
- Lisez et discutez d'un livre que vous avez lu avec votre classe.
- Demandez aux élèves de venir vous faire part de leurs commentaires sur un livre qu'ils ont lu.
- Invitez un parent ou un grand-parent à venir lire un conte en classe.

- Faites une période de lecture avec les élèves d'un niveau inférieur. Un élève plus vieux sera jumelé à un plus jeune et lui fera la lecture.
- Invitez un auteur à discuter des procédés d'écriture et de la rédaction d'un livre.
- Invitez un journaliste en classe.
- Faites une « vente de débarras » de livres : chaque enfant apporte de la maison des livres qu'il veut échanger. En retour, il pourra choisir le même nombre de livres.
- Visitez une bibliothèque publique de la communauté.
- Visitez une imprimerie.
- Visitez un endroit où l'on publie des journaux.
- Faites une collecte de livres pour les enfants démunis de la région ou pour envoyer dans un pays en voie de développement.

À LA FIN DE L'ANNÉE

Donnez aux élèves une carte d'abonnement à la bibliothèque du quartier.

Amenez-les visiter un zoo.

Organisez une pièce de théâtre ayant pour thème les animaux.

Maquillez le visage des enfants en animal à la dernière journée du défi.

Visionnez un film sur les animaux.

Organisez un tirage lors duquel les enfants pourront gagner des livres.

Lancez un nouveau défi aux élèves : demandez-leur combien de livres ils prévoient lire pendant l'été. Liront-ils l'équivalent du poids d'une souris ou de celui d'un éléphant ?

La longue vis

Cette activité vise à souligner l'importance de s'appliquer et de donner son maximum dans tout ce qu'on fait. Contrairement à d'autres activités qui insistent sur la persévérance, celle-ci incitera le jeune à améliorer son rendement dans tout ce qu'il fait.

AU DÉBUT DE L'ANNÉE

L'exercice proposé ici laisse des empreintes dans le corps, de sorte qu'il est difficile de traduire ce phénomène par des mots. Il faut donc vraiment le faire faire et non pas seulement le décrire.

Place à la construction ! Tenir un tournevis et visser dans le bois est une activité très excitante pour les jeunes, car ils ont l'impression de faire un travail habituellement réservé aux adultes. De plus, cela leur permet d'exercer leur dextérité. Pour les plus jeunes, vous pouvez faire la démonstration devant eux et permettre aux plus habiles de tenter de visser.

Procurez-vous deux vis, une de 1 cm et l'autre, de 2 cm, et deux planches de 1 cm d'épaisseur chacune. Prenez les deux planches et demandez à un élève de les visser ensemble à l'aide de la plus petite vis. Cette dernière pénètre la première planche, mais ne peut atteindre la deuxième, qui ne tient alors pas très bien (peut-être même pas du tout). Les planches sont facilement séparables. Cette vis ne suffit pas à tenir le tout.

Par la suite, demandez-leur de prendre la vis de 2 cm. Il est important que ce soit eux qui la vissent, autant que possible, parce qu'ils ressentent en même temps l'effort à fournir pour serrer une vis de 2 cm par rapport à une vis plus petite. Cela requiert plus d'efforts et c'est plus long. Il faut persister davantage. Une fois la vis de 2 cm serrée, dites-leur de tenter de décoller les deux morceaux. Les enfants vont sentir à quel point c'est solide.

Une fois cette activité réalisée, dites aux élèves que dans tout ce qu'ils font, ils ont besoin de vis. Par exemple, lorsqu'ils font un travail et qu'ils n'y mettent pas les efforts requis, le résultat ne tient pas à grand-chose. S'ils s'appliquent et qu'ils choisissent la longue vis, ils vont plus loin et donnent leur maximum. Ils obtiennent alors des résultats beaucoup plus durables, solides, et tous les apprentissages qui suivent sont basés sur quelque chose de fiable.

PENDANT L'ANNÉE

- Chaque fois que l'élève fait un travail, demandez-lui s'il a utilisé une petite ou une longue vis. Ce code est amusant pour l'enfant et lui permet d'évaluer ses comportements. Ce qui est important également, c'est que la distinction se fasse entre ce que l'enfant **fait** et ce qu'il **est**. Trop souvent, les enfants sont blâmés pour ce qu'ils sont : «Tu es paresseux, tu n'es pas travaillant.» Ces stigmates sont parfois lourds à porter

Grâce à cette activité, vous mettez vraiment en évidence sa capacité d'utiliser la longue vis. Ce n'est donc pas dans son être qu'il a à corriger quelque chose, mais dans ce qu'il fait. Vous pouvez dire aux enfants : « Utilisez une longue vis pour ce travail ! » Ce code sera désormais compris de tous.

- Dès qu'un élève mentionne qu'il est impressionné par quelqu'un et que ce sentiment semble partagé par ses pairs, demandez-lui s'il a eu recours à une petite, une moyenne, une longue ou une très longue vis. Ainsi, il verra les effets positifs du bon choix à long terme.

- Demandez-leur de parler de certaines de leurs activités personnelles. Par exemple, lorsqu'ils font leur chambre, quand ils pratiquent un instrument de musique ou un sport… Utilisent-ils la petite vis ou la longue ? S'ils déneigent le balcon l'hiver, petite ou longue vis ? S'ils aident les parents à nettoyer la voiture, petite ou longue vis ? Est-ce qu'ils donnent leur maximum ou font-ils le strict minimum ?

- Il serait bien sûr fort précieux de partager cette analogie avec les parents de vos élèves pour que tous adoptent un langage commun et que l'enfant sente l'action concertée de tous les intervenants autour de lui.

- Vous pourriez également choisir un moment dans les premiers mois de l'année pour l'amener à peser le pour et le contre de l'utilisation de chaque vis. Ainsi, il développera son propre système de renforcement. (Nous connaissons tous l'importance de la longue vis, n'est-ce pas ? Pourtant, cela ne signifie pas que tout le monde l'utilise toujours. Il en va de même avec les enfants. La métaphore ne produit pas de miracle, mais elle offre un rappel important, quotidien, puisque tous voient plusieurs vis chaque jour autour d'eux.)

À LA FIN DE L'ANNÉE

Procurez-vous de longues vis et offrez-les aux enfants en guise de souvenir de leur année. Comme vous y avez fait référence à plusieurs reprises et dans plusieurs domaines, cet objet leur rappellera l'importance, dans tout ce qu'ils font, de choisir la grande vis. Ils verront qu'ils se sont améliorés en constatant qu'ils choisissent plus souvent qu'avant la grande vis parce qu'ils ont été sensibilisés à l'importance de ce choix. Ils auront compris qu'ils seront plus solides et, surtout, qu'ils retirent plus de satisfaction dans toutes les petites choses qu'ils font.

Demandez-leur dans quels domaines ils ont réussi à allonger leur vis. Dans quelles sphères souhaitent-ils la rallonger ? Où doivent-ils concentrer leurs efforts pour devenir plus solides ?

A, B, C

Le but de cette activité est de permettre aux enfants d'enrichir leur vocabulaire, mais surtout de le faire par plaisir ! Les enfants reçoivent énormément d'information dans leur quotidien, mais que retiennent-ils ? Cette activité leur permettra d'entendre, d'apprendre, de maîtriser et de pouvoir utiliser de nouveaux mots.

AU DÉBUT DE L'ANNÉE

Avec la liste d'effets scolaires à se procurer qu'ils reçoivent en juin, les enfants trouveront une petite note leur indiquant que chacune des classes a une ou deux lettres-vedettes pour la rentrée. Par exemple, dans un groupe donné, cette lettre pourrait être le « G ». Chaque élève est alors invité à trouver 10 mots commençant par cette lettre. Il devra être capable d'expliquer le sens de ces mots et d'en donner la définition à ses pairs. Le dévoilement des mots nouveaux devra être fait ici et là tout au long des cinq premiers jours d'école. Notez chacun des mots dévoilés. Une belle banque de mots appartenant à la classe sera ainsi créée et ces mots seront affichés dans le couloir ou à la bibliothèque de l'école afin d'être lus par tous.

PENDANT L'ANNÉE

- Pendant la semaine, afin de réinvestir nos découvertes, des concours peuvent être organisés avec ces mots.
    - > *Demandez à chaque élève d'écrire le plus grand nombre de mots dont il se souvient en une minute.*
    - > *Écrivez 10 mots au tableau et demandez aux élèves de les placer en ordre alphabétique.*
    - > *Écrivez une série de mots au tableau et invitez les élèves à composer de belles phrases en utilisant le plus grand nombre de mots possible.*
    - > *Lisez une définition et incitez les élèves à deviner de quel mot il s'agit.*
    - > *Ensemble, construisez un mot caché ou un mot croisé avec ces mots.*
    - > *Organisez un combat d'épellation.*
- À Noël, organisez un rallye dans toute l'école. Les questions trouveront leur réponse dans les mots que chacune des classes aura exploités. Chacune sera responsable de préparer ses questions et de les remettre aux responsables du rallye. Les plus petits seront jumelés aux plus grands et ils auront à dessiner leurs réponses.
- Chaque semaine, reprenez l'exercice en pigeant une nouvelle lettre au hasard.

À LA FIN DE L'ANNÉE

Les enfants recevront un ruban de 1 m sur 2,5 cm de largeur. Une « tempête d'idées » sera faite en classe, et les enfants auront ensuite à inscrire sur leur ruban les 26 mots (de A à Z) qui auront été les plus significatifs pour eux, ainsi que leur nom et la date, pour ainsi conclure le projet de l'année.

Les élèves devront confectionner une boucle à l'aide de leur ruban. Celle-ci sera soigneusement placée dans un papier de soie afin d'être apportée à la maison et conservée précieusement parmi les plus beaux souvenirs.

Le bloc-notes

On joue au Scrabble !

Lorsque le temps vous le permet, pour commencer vos cours en français et donner un élan d'enthousiasme au groupe tout en y injectant une bonne dose de plaisir, propice aux apprentissages, faites piger à chaque élève une lettre dans un jeu de Scrabble. Demandez-leur de se réunir en équipes et de faire des mots de quatre à huit lettres. Indiquez un temps limite pour y parvenir. Cette activité simple leur permet d'exercer leurs habiletés de négociation, leurs aptitudes relationnelles et leurs compétences en français ! L'équipe qui trouve le mot le plus long (sans faute d'orthographe) gagne un prix.

L'essentiel, c'est...

Le but de cette activité est de démontrer aux enfants que tout n'est pas instantané, qu'il arrive que les efforts ne soient récompensés qu'à long terme. L'année scolaire débute maintenant, mais les efforts déployés aujourd'hui ne seront pas nécessairement récompensés dans les jours qui viennent. Il faut continuer de déployer de l'énergie. L'essentiel est de persévérer !

AU DÉBUT DE L'ANNÉE

Prévoyez des petits pots pour plantes, du terreau et différentes variétés de graines pour semis (plantes d'intérieur, fines herbes, herbe à chat, etc.).

Amorcez une discussion de groupe sur les efforts que les élèves devront déployer pendant l'année scolaire, les difficultés à surmonter certains problèmes, la possibilité de l'échec, la deuxième et la troisième tentative, etc.

Présentez la petite trousse de semis et demandez aux élèves s'ils aimeraient récolter l'un ou l'autre des produits présentés.

Questionnez ensuite les enfants : « Est-ce que cela demande une attention particulière ? Un environnement spécial ? Des soins appropriés ? Du temps avant que la plante arrive à maturité ? Est-ce que cela vaut la peine d'essayer ? » Invitez-les ensuite à passer à l'action... et à semer ! Vous pouvez semer des fines herbes, telles que du persil, de la menthe, de l'origan, etc. Observez ensuite leur évolution au fil des jours. On s'aperçoit que la croissance diffère d'une varieté à l'autre, on doit patienter devant certains plants, malgré notre hâte de les découvrir !

PENDANT L'ANNÉE

- Selon ce qui a été semé, les résultats n'arrivent pas tous en même temps. Certaines plantes arrivent à maturité avant d'autres, certaines sont plus droites, d'autres plus fleuries...

  Faites le lien avec la vie scolaire. Comme les plantes qui poussent différemment et selon des rythmes inégaux, la réussite scolaire dépend de plusieurs facteurs et les élèves peuvent évoluer différemment les uns des autres. Quels sont alors les soins à apporter pour que les élèves « poussent » bien ? Comment s'assurer que les élèves ont les bons ingrédients pour réussir ? Quel est l'environnement spécial qu'il faut pour bien apprendre ? Que doit-on éviter afin de ne pas perdre son énergie ? Quels sont les trucs pour réussir à se rendre à maturité le plus efficacement possible ?

  Les enfants comprendront mieux que l'effort n'est pas toujours récompensé immédiatement et qu'il est nécessaire de persévérer. Le résultat finit toujours par arriver.

- Placez une graine de haricot entre un papier buvard et la paroi d'un verre transparent rempli d'un bon terreau, arrosez et observez… Vous pouvez également faire la même chose avec un pépin d'orange ou de pamplemousse, un noyau de prune, etc.

- Remettez aux élèves, lors du congé de l'Action de Grâces, quelques bulbes de tulipes qu'ils pourront planter chez eux. Expliquez-leur l'importance de bien choisir un endroit où ils pourront les observer le printemps venu. Vous pourrez faire le lien entre les efforts effectués tout au long de l'année scolaire qui, parfois, ne sont pas récompensés tout de suite, et le succès récolté à la fin de l'année.

> Le bloc-notes
>
> **Récolte d'été**
>
> Il est intéressant de semer des plants de tomates-cerises avec vos élèves. Plantez-les en mars. En juin, ils pourront les mettre en terre à la maison et lorsqu'ils reviendront en septembre, ils viendront vous raconter ce que la petite graine a donné… La persévérance aura été récompensée !

- Placez un beau cactus dans la classe. Expliquez aux enfants les soins qu'il demande, étant donné qu'il s'agit d'une plante dont la croissance est plus lente que la majorité des plantes intérieures. Vous pourriez faire ainsi un parallèle entre la croissance des enfants et celle du cactus, en insistant sur l'importance d'absorber de bons nutriments pour obtenir un développement maximal à long terme.

- En classe, faites germer un noyau d'avocat en le faisant d'abord tremper dans de l'eau chaude environ 30 minutes, après l'avoir bien nettoyé. Laissez-le sécher avant de le mettre en terre. Dans un pot rempli d'un tiers de sable et de deux tiers de terreau léger, enterrez le noyau à la moitié de sa hauteur, le bout pointu vers l'extérieur, et mettez-le au soleil. Il faudra patienter de 4 à 7 semaines avant la germination. Toujours en parallèle avec la persévérance, faites comprendre aux élèves qu'un beau plant naîtra au bout de tout ce temps. Ça valait la peine d'attendre !

À LA FIN DE L'ANNÉE

Remettez à chaque élève un certificat-mérite avec une photo de lui tenant un plant semé en classe. Sur le certificat, inscrivez la date, le nom de l'élève et la mention : « L'essentiel, c'est de PERSÉVÉRER. » **(Voir fiche 28-a en annexe.)**

Offrez aux enfants de repartir avec des plants, des boutures ou des graines à semer. Vous pourriez, par exemple, leur distribuer des graines de tournesol et leur expliquer que cette plante leur ressemble beaucoup dans son développement. À partir d'une graine que l'on met en terre, que l'on arrose avec soin, voilà qu'une plante — qui peut mesurer jusqu'à 2 mètres — pousse devant eux, sur leur terrain, et se tourne vers le soleil pour en capter toute l'énergie possible. Quelle fascination pour eux ! Faites-leur également remarquer que, grâce à cette nouvelle pousse, le cycle de la vie recommencera. Les enfants ayant vécu ce projet seront très attentifs à ce nouveau cycle de vie et ils partageront leurs connaissances avec ceux qui les entourent.

Le cou de la girafe

Beaucoup d'enfants ont de la difficulté à se projeter dans l'avenir. Certains d'entre eux ont du mal à se fixer des objectifs ou à exprimer leurs rêves. Lorsqu'ils rencontrent des obstacles, il leur est parfois difficile de persévérer. Cette activité permettra d'aider les enfants à se donner des rêves, des ambitions et des objectifs. Ils apprendront aussi à surmonter les difficultés et à maintenir le cap vers la réalisation de leurs projets.

AU DÉBUT DE L'ANNÉE

Demandez aux enfants quels sont les instruments ou les situations qui leur permettent de voir plus loin que d'habitude. Parlez avec eux de l'utilité du télescope, des jumelles. Faites-leur également remarquer qu'un changement de point de vue permet aussi de voir plus loin. Ainsi, lorsqu'on se trouve en altitude, par exemple au sommet d'une tour, il est possible de voir beaucoup plus loin que lorsqu'on reste simplement au sol. Demandez-leur ensuite quel est, selon eux, l'animal terrestre qui peut voir le plus loin. Il s'agit bien sûr de la girafe, avec son long cou et ses grandes jambes.

Expliquez-leur que cette année, ils auront l'aide d'une girafe pour les aider à voir plus loin. Présentez aux élèves Iris, une girafe que vous aurez fabriquée, une image que vous afficherez ou encore un toutou girafe que vous vous serez procuré. Dites aux enfants qu'Iris a de grands rêves et de grandes ambitions. Elle veut tout apprendre et elle ne se décourage jamais. Grâce à ses grandes jambes et à son grand cou, elle peut voir loin et surmonter tous les obstacles. Pendant l'année, les élèves pourront s'inspirer d'Iris pour atteindre leurs buts.

Comme première activité, demandez-leur de fabriquer une petite girafe (seulement le cou et la tête). Pour ce faire, nous vous suggérons d'utiliser un rouleau de papier essuie-tout que vous recouvrirez de carton orange. Au bout du rouleau, collez la tête de la girafe que vous aurez aussi découpée dans du carton orange et collée sur un carton plus épais (comme un carton de boîte de céréales), afin que la tête soit bien solide **(voir fiche 29-a en annexe)**. Les élèves pourront conserver leur girafe sur le coin de leur bureau.

PENDANT L'ANNÉE

- Pour faire prendre conscience aux élèves de l'importance d'avoir des rêves et des ambitions et de se fixer des objectifs, instaurez des moments de discussion avec eux. Lors du premier moment, demandez-leur quels sont leurs rêves, à quoi ils aspirent… Inscrivez leurs réponses sur des cartons bruns découpés de façon à représenter les taches sur la peau des girafes. Collez ces cartons sur une grande image de girafe que vous pourriez installer sur un mur ou sur la porte de votre classe. Il est important de faire réaliser aux élèves que ce sont ces objectifs, rêves et ambitions qui poussent à aller plus loin et à se surpasser. Notez qu'il faut parfois être très persévérant puisqu'il arrive que l'on rencontre des obstacles en cours de route. Afin d'ajouter du piquant à l'activité, lorsque l'élève partage son rêve avec les autres élèves, il lève la tête de sa girafe (celle qu'il a fabriquée en début d'année) au bout de ses bras. Cela symbolise le fait de s'élever pour voir plus loin, comme Iris qui voit loin grâce à son long cou. Lors des rassemblements suivants, revenez sur ce qui est inscrit sur les taches brunes et demandez-leur s'ils ont fait des pas vers l'atteinte de ces objectifs, rêves ou ambitions. Ont-ils rencontré des obstacles ? Lesquels ? Les ont-ils surmontés ? Les élèves peuvent symboliser le fait de surmonter un obstacle en levant de nouveau la girafe, ce qui démontre qu'ils n'ont pas perdu de vue leur objectif et qu'ils ont persévéré et passé par-dessus ce qui était difficile.

- Pour faire suite aux discussions qui auront eu lieu en classe, invitez les élèves à se confectionner un carnet de vision, dont la page couverture présentera une belle girafe avec de beaux grands yeux **(voir fiche 29-b en annexe)**. Cet outil permettra à l'élève de noter ses objectifs de la semaine. À la fin de la semaine, de façon à rendre l'élève proactif, invitez-le à évaluer le degré d'atteinte des objectifs qu'il s'était fixés. Chez les plus jeunes, vous pouvez, au début de la semaine, suggérer des objectifs parmi lesquels l'élève pourra choisir, ou lui faire piger celui ou ceux qu'il aura à travailler pendant les jours suivants. Chez les plus vieux, cependant, il est important de les habiliter à choisir eux-mêmes leurs objectifs.

- Utilisez la métaphore du long cou de la girafe pour réfléchir avec vos élèves à l'importance de voir plus loin que… le bout de leur nez. Iris pourra devenir un modèle d'inspiration pour surmonter les émotions fortes vécues pendant la récréation ou à d'autres moments avec d'autres camarades de classe. En voyant un peu plus loin, on peut dépasser la première interprétation que nous faisons des événements (interprétation par laquelle on conclut souvent que c'est toujours l'autre le responsable). Montrez-leur qu'au-delà de ce genre de conclusion spontanée, nous pouvons voir autre chose. Faites-leur comprendre que ce changement de perspective permet de constater que nous avons souvent une part de responsabilité dans ce qui nous arrive.

- Invitez en classe des gens qui ont réalisé leurs rêves. Ne vous arrêtez pas seulement aux professions, mais visez aussi les désirs. Par exemple, invitez une personne qui rêvait de faire un voyage, d'avoir un chien, de se démarquer dans un sport… Vous pouvez demander aux enfants de préparer des questions qu'ils poseront aux invités. Les questions devraient couvrir les aspects suivants : l'origine du rêve, les obstacles rencontrés, les gens qui ont encouragé ou découragé la personne dans la réalisation de son rêve, les étapes de réalisation du rêve, les sentiments qui ont suivi la réalisation du rêve, les nouveaux rêves qui ont émergé ensuite, etc. Lorsque les invités auront quitté la classe, demandez aux élèves de s'exprimer sur ce qui les a le plus inspirés, sur ce qu'ils ont appris, etc. Ces gens leur ont-ils inspiré de nouveaux rêves ou objectifs ?

- Avec vos élèves, vous pourriez composer de courtes saynètes ou une pièce de théâtre mettant en vedette Iris la girafe qui voit loin. Vous pourriez présenter ses aventures au reste de l'école lors d'un spectacle. C'est une belle

Le bloc-notes

Giraffa camelopardalis

La girafe est le plus grand de tous les êtres vivants. Sa hauteur, qui peut atteindre plus de 4 mètres, lui permet de brouter les feuilles des arbres et de voir plus loin que tous les autres animaux.

La girafe habite le centre et le sud de l'Afrique, de préférence la brousse ouverte. Son manteau au poil court et ras est très clair et tacheté de brun, ce qui lui offre un camouflage efficace. Son régime est très varié : feuilles, ramilles, arbustes épineux, galles de plantes, graines et fruits. Les girafes résistent assez bien à la soif ; on les trouve souvent rassemblées autour des salègres naturels (pierres ou blocs à lécher) où elles absorbent le sel qui leur est nécessaire.

Les différentes positions et les mouvements du cou de la girafe peuvent exprimer les états d'esprit de l'animal : si elle porte son cou allongé à l'horizontale, elle est fâchée et prête à attaquer ; par contre, elle indique la soumission et la bonne volonté en le portant à la verticale, le museau pointant vers le ciel.

occasion de mettre en application les notions de français. Inspirez-vous des informations suivantes : Iris a toujours des objectifs, qu'ils soient farfelus ou réalistes ! Il lui arrive de rencontrer des obstacles mais elle parvient, la plupart du temps, à les surmonter. Parfois, elle y parvient seule, parfois avec de l'aide. Elle a une amie girafe qui s'appelle Cataracte. Cataracte a de la difficulté à voir, c'est pour cela qu'elle porte des lunettes, mais elle a toujours de bonnes idées et elle est très fonceuse. Même si elle ne voit pas bien, elle a de grandes visions ! Inspirez vos élèves de ces quelques lignes et n'ayez pas peur de laisser leur créativité prendre de la place. Plusieurs autres personnages peuvent facilement se greffer à votre pièce. L'important est que le message que l'on veut passer, c'est-à-dire l'importance de se donner des objectifs et des rêves, soit bien clair.

- Invitez vos élèves à faire une recherche sur de grands explorateurs, des inventeurs, des athlètes, bref, des gens qui ont persévéré afin de réaliser leurs rêves. Vous pourriez aller à la rencontre de Jacques Cartier, Alexander Graham Bell ou Isaac Newton, mais également de personnes contemporaines, comme Julie Payette, Alexandre Despaties, etc.

À LA FIN DE L'ANNÉE

À la fin de l'année, remettez une carte représentant une girafe à chaque élève **(voir fiche 29-c en annexe)**. Chacune des cartes contiendra un message d'encouragement de votre part. L'élève pourra alors inscrire son rêve ou son objectif pour les vacances d'été au verso.

Le symbole

Amenez les enfants à mieux se connaître et à se faire connaître des autres en choisissant un symbole qui les représente. Le choix de ce symbole pourra changer en cours d'année et témoignera ainsi de l'évolution du jeune au fil des semaines.

AU DÉBUT DE L'ANNÉE

Demandez aux élèves de trouver un symbole qui représente ce qu'ils sont. Un animal, un oiseau, un poisson, une fleur, un arbre quelconque, peu importe. Vous pouvez même insérer cette demande dans la liste d'éléments scolaires à se procurer avant le début des cours ! Les parents peuvent alors aider l'enfant à choisir ce symbole. L'enfant peut également le dessiner en classe lors de la première journée ou trouver l'image dans un livre de la bibliothèque.

Le jeune présente ensuite ce symbole à la classe et mentionne les raisons pour lesquelles il se définit de cette façon. Pour vous, c'est une manière très efficace de connaître chaque individu plus rapidement. En général, le symbole et l'enfant possèdent les mêmes caractéristiques. Vous avez donc accès à une foule d'information grâce à ce simple exercice. Les autres élèves bénéficient également de ces renseignements. Ils font la connaissance d'un nouveau compagnon et de ses richesses, et ce, dès ce premier échange.

Et vous ? Êtes-vous loutre ou scarabée ? Choisissez également un symbole qui incarne les qualités que vous souhaitez afficher tout au long de l'année.

PENDANT L'ANNÉE

- Comme les jeunes évoluent rapidement, amenez-les à prendre conscience de ce qu'ils deviennent. Est-ce que leur cheminement, leur progression, nécessite la création d'un nouveau symbole ? Permettez-leur de faire cette mise à jour à quelques reprises durant l'année. Par exemple, en revenant du congé de Noël.

- Demandez-leur de faire une recherche sur les entreprises et leurs symboles. Que souhaitaient-elles représenter par ce symbole ? Vous amènerez ainsi les jeunes à devenir plus critiques à l'égard de la publicité… présente partout dans leur vie.

Le bloc-notes

L'exemple de l'éléphant

Les entreprises connaissent bien le pouvoir des symboles. Elles savent qu'ils sont plus qu'une simple représentation visuelle. En fait, tout ce qui est associé aux symboles dans la mémoire des gens devient automatiquement lié à l'entreprise qui a adopté cette image. Par exemple, pour la majorité des gens, un éléphant est associé à des émotions positives. Ils sont impressionnés par cet animal. Ils savent qu'il n'a pas de prédateur, qu'il fait preuve d'une grande sagesse parce qu'il a traversé les âges. Il vit donc très longtemps et par conséquent il est robuste. La plupart des gens vouent une admiration à cette bête. Lorsqu'une compagnie d'assurances a choisi ce symbole comme image d'entreprise, elle s'est tout simplement approprié les qualités de l'éléphant ! Elle est devenue, dans l'esprit des gens, une entreprise digne de confiance et d'admiration.

- Présentez-leur différents animaux et demandez-leur de nommer les qualités de chacun.

- Seuls ou en équipe, ils devront faire une petite enquête portant sur 10 à 15 personnes de l'école. Si possible, fournissez-leur un dictaphone ou un calepin spécial pour rendre le tout encore plus sérieux. Ils doivent interviewer réellement des gens sur ce que représente tel ou tel symbole pour eux. Ils peuvent choisir les symboles évoqués par les autres élèves. Après, ils compilent le tout et le présentent à la classe.

- Chaque semaine, un élève est la vedette de la classe et tous les autres trouvent un symbole pour le représenter. Ils énumèrent rapidement les raisons pour lesquelles cette personne peut être représentée par tel symbole. Comme les enfants aiment beaucoup être le centre de l'attention, les adultes également, chacun a sa célébration personnelle. Il est important que tous aient droit au privilège d'être le héros d'un jour.

- Demandez-leur de représenter un membre de la famille ou la famille entière par un symbole, de manière à les rendre plus conscients de leur milieu de vie. Le fait de le partager avec les autres personnes de sa maisonnée pourra mener à des discussions constructives.

- Proposez-leur de trouver un symbole pour représenter l'école ou leur classe et découvrez ainsi la manière dont ils perçoivent votre établissement.

- En intervention, on peut changer ce symbole et ainsi modifier automatiquement l'ensemble des émotions associées à ce que l'on essaie de décrire, à la personne, à la famille, aux parents, etc. À vous de voir si vous vous sentez à l'aise de vous lancer sur ce territoire.

À LA FIN DE L'ANNÉE

Si vous avez doté votre classe d'un symbole particulier en début d'année, offrez à chaque élève, en fin d'année, un petit trophée ou une petite figurine qui représente ce symbole. Vous y mettez simplement le nom de l'enfant et les valeurs associées au symbole. Vous pouvez ensuite amener l'élève à déterminer un symbole qui représente ce qu'il souhaite devenir ou ce qu'il désire nourrir tout au long de la prochaine année.

Une autre bonne idée serait de leur offrir un symbole aussi simple qu'un petit pot de sable sur lequel on lit: « Le pot n'est pas gros, mais il y a énormément de grains de sable à l'intérieur. Chacun d'eux représente tous les apprentissages que tu as faits durant l'année et ils se mélangent aux autres connaissances que tu avais déjà acquises. » Suggérez-leur également de conserver ce flacon précieusement, puisqu'il symbolise l'ensemble du bagage qu'ils ont accumulé jusqu'à maintenant. Invitez-les aussi à poursuivre leur quête de « grains de sable ».

Haut en couleur !

Les émotions peuvent varier beaucoup dans une même journée et dépendent de plusieurs facteurs comme l'humeur, l'environnement physique, l'environnement social et le niveau d'énergie du moment. Le but de cette activité est de sensibiliser les élèves aux différentes émotions qu'ils vivent tout au long de leur journée.

AU DÉBUT DE L'ANNÉE

En début d'année, les enfants arrivent toujours avec leurs nouveaux crayons de couleur. Demandez-leur de prendre leurs crayons un à un dans leur main et de vous dire quels sont les objets ou les idées qu'ils associent à la couleur du crayon qu'ils tiennent.

Par exemple, le vert serait associé au gazon, à la nature, aux arbres et aux légumes ; l'orangé serait certainement la couleur des citrouilles, de l'Halloween, de certains fruits et de certains jus ; le jaune serait la couleur du soleil, du tournesol, d'un champ de blé ou de la lumière ; le turquoise ferait certainement penser à la mer, à certaines pierres précieuses et aux poissons tropicaux, et ainsi de suite. Faites cet exercice avec autant de couleurs que vous le souhaitez.

Après cette discussion, faites remarquer aux enfants qu'il existe une multitude de réponses possibles. De la même manière, chacune de ces couleurs peut aussi être associée à plusieurs sentiments et émotions.

Faites alors une liste des sentiments que les enfants pourraient éprouver au cours d'une journée et tentez de les associer à une couleur. Vous pourrez ensuite leur poser la question : « De quelle couleur es-tu maintenant ? »

À partir de cet exercice, préparez un code de couleur collectif pour la classe. Affichez ce code de couleur dans la classe afin que les élèves puissent s'y référer en tout temps. Il pourrait être semblable à celui-ci :

> **JAUNE :** *heureux, gai, joyeux*
> **VERT :** *confiant, patient, tolérant*
> **BLEU :** *tranquille, sérieux*
> **POURPRE :** *mystérieux, mélancolique*
> **ROUGE :** *impulsif, agressif, colérique*
> **GRIS :** *triste*
> **NOIR :** *déprimé*

Après l'élaboration de ce code, les enfants seront invités à colorier leur chemin de couleur de la journée afin d'être capable d'exprimer ce qu'ils ressentent par rapport aux différentes matières, aux différents cours. Au début, le chemin pourra être séparé en autant de parties que le nombre de périodes de la journée. Dans un deuxième temps, c'est-à-dire lorsque les enfants seront devenus habiles à nommer ce qu'ils ressentent par rapport à un nouveau travail, une nouvelle activité ou une nouvelle expérience, le chemin proposé se divisera en cinq parties, pour chacune des journées de la semaine. Les enfants seront toujours invités à le colorier de la couleur qui exprime ce qu'ils ressentent ou ce qui les habite.

Cette autoévaluation obligera l'élève à s'arrêter et à prendre conscience de ses émotions, qu'elles soient positives ou négatives, et à les exprimer par la couleur appropriée avant d'être capable de les nommer.

À la fin de la journée, faites un retour sur le chemin de couleur de la journée et posez des questions comme : « Quelle a été ma couleur dominante aujourd'hui ? », « Pourquoi cette couleur a-t-elle été plus forte aujourd'hui ? » ou « Quelle sera ma couleur-défi pour la prochaine journée ? ». Encouragez ensuite les enfants à reconnaître que, tout comme leur affiche, qui est magnifique, le fait de vivre une multitude d'émotions relève aussi de quelque chose de magnifique et de merveilleux. Soulignez le fait que même les émotions négatives font partie de la vie et contribuent à y mettre de la couleur.

Avec le temps, cet exercice deviendra une habitude bien ancrée pour la majorité des élèves de la classe ; cependant, les élèves ayant encore de la difficulté à s'exprimer avec des mots pourront continuer de le faire quotidiennement à l'aide du code de couleur. Cela les aidera à s'exprimer plus clairement.

Le bloc-notes

Des couleurs pour toutes les humeurs !

La couleur produit sur notre être un effet qui lui est propre. Elle possède des pouvoirs psychiques liés à l'éducation, à l'expérience, aussi bien qu'au lent cheminement de l'hérédité et de l'évolution humaine.

ROUGE : Le rouge fait souvent penser à la chaleur, au dynamisme, à l'action ou à la colère. Il évoque aussi le flamboiement d'un ciel en feu ou une goutte de sang. Le rouge est excitant, voire irritant. Il peut même faire élever la tension artérielle d'un sujet.

JAUNE : Le jaune, c'est l'ouverture, la clarté, la brillance, la noblesse. Mais lorsqu'il est terni de brun, de noir ou de bleu, il semble désagréable, maladif, sale et pauvre.

BLEU : Le bleu, aérien, léger et froid, fait référence au ciel. Il rappelle aussi la profondeur des mers et de notre inconscient.

VERT : Le vert nous apporte le repos et la paix. Il est aussi symbole de nostalgie.

PENDANT L'ANNÉE

- Demandez à vos élèves de nommer des moments ou des situations précises où les couleurs sont significatives dans leur vie. Par exemple :

1) *Questionnez les enfants sur l'importance des codes de couleur présents dans notre quotidien. Vous pourriez parler par exemple des feux de circulation (rouge, jaune, vert), des couleurs associées aux saisons (le vert tendre du printemps, le vert foncé de l'été, l'orangé, l'or, le rouge et le brun de l'automne et le blanc de l'hiver).*

2) *Tentez de connaître les préférences de vos élèves en confectionnant un immense collage mural intitulé :* « Je marche avec un ami à l'orée du bois. » *Chacun pourra se représenter avec les couleurs de sa saison préférée et ce collectif pourra être exposé à la bibliothèque afin d'être apprécié de tous.*

3) *À l'approche des différentes fêtes qui ponctuent l'année scolaire, discutez avec les élèves de l'importance des couleurs associées à ces fêtes. Par exemple, le rouge que l'on voit partout à la*

Saint-Valentin, le rouge et le vert qui caractérisent la fête de Noël, le jaune et le mauve de la fête de Pâques et l'orangé et le noir associés à l'Halloween représentent-ils des traditions ou sont-ils le fruit de stratégies de marketing ? Tentez de susciter une réflexion sur la société de consommation.

4) *Évoquez un comptoir de fruits et de légumes où l'on voit beaucoup de vert, de jaune et de rouge. Demandez aux élèves ce qu'ils préfèrent dans ces étalages. Discutez de l'importance de mettre de la couleur dans nos repas afin d'absorber le plus de vitamines et de minéraux possible et de grandir en santé, surtout lorsque nous sommes en pleine croissance !*

5) *Amorcez une réflexion sur les couleurs de la nature. Pour la plupart de vos élèves, la nature fait probablement penser au vert des arbres et au bleu des lacs et des rivières. Mais qu'advient-il lorsqu'une région devient polluée ? Discutez alors du rôle de citoyen de chacun. Parlez de la responsabilité que nous avons tous de préserver la nature, c'est-à-dire de redonner ses vraies couleurs à la Terre et à tout ce qui nous entoure. Lancez un débat sur la question de l'environnement… Par ailleurs, Dame Nature a elle aussi ses humeurs ! Discutez de la manière dont ses humeurs se traduisent par certaines couleurs bien précises…*

- Profitez de cette activité pour aider les enfants à exploiter la première dimension de l'intelligence émotionnelle, soit la connaissance de soi. De temps en temps, et toujours au hasard, posez-leur l'une ou l'autre des questions suivantes :

« Quelle est la couleur qui t'attire le plus en ce moment ? Pourquoi ? »
« Quelle est la couleur qui t'attire le moins en ce moment ? Pourquoi ? »
« Si tu étais une couleur, là, maintenant, laquelle choisirais-tu ? »

- Distribuez le dessin d'un arc-en-ciel aux élèves **(voir fiche 31-a en annexe)** et posez la question suivante : « Comment serait ton arc-en-ciel en ce moment ? Colorie-le. » Cette activité pourra se faire juste après la présentation d'un spectacle ou d'une évaluation, ou tout de suite après une réussite individuelle, par exemple.

- Une fois par saison, choisissez une journée où tous seront invités à s'habiller selon les couleurs dominantes de la saison en cours. Cela encouragera les enfants à vivre de nouvelles « couleurs », c'est-à-dire à ajouter de nouvelles expériences à leur bagage.

- Demandez aux élèves de trouver et d'expliquer des expressions qui comportent des noms de couleur. Par exemple :

> *Broyer du noir*	*Être en colère ou déprimé*
> *Voir la vie en rose*	*Être optimiste ou voir la vie du bon côté*
> *Être rouge de honte*	*Être honteux*
> *Être blanc comme neige*	*Être innocent*
> *Un éléphant blanc*	*Un projet démesuré*

Le bloc-notes

De toutes les couleurs !

Dans l'arc-en-ciel, sept teintes prédominent, mais on peut y dénombrer plus de 700 nuances différentes, car il y a autant de couleurs que de radiations visibles, autant de couleurs que d'agrégats moléculaires qui tissent la réalité visible et sur lesquels se réfléchit la lumière. La classification commune (blanc, noir, rouge, orange, jaune, bleu, brun, violet, vert) n'est qu'une infime partie des nuances visibles.

> *Noir sur blanc*	*Qui est écrit en toutes lettres*
> *Dire blanc et noir*	*Ne pas prendre parti*
> *Un casque bleu*	*Un soldat de l'ONU*
> *Une peur bleue*	*Une peur violente*
> *La planète bleue*	*La planète Terre*
> *Il fait gris*	*Le temps est couvert et froid*
> *Rire jaune*	*Rire avec contrainte*
> *Un œil au beurre noir*	*Un œil tuméfié à la suite d'un coup*
> *L'or noir*	*Le pétrole*
> *Noir de monde*	*Populeux*
> *La planète rouge*	*La planète Mars*
> *Un vert*	*Un écologiste*
> *Donner le feu vert*	*Donner l'autorisation*
> *Un vieillard encore vert*	*Un vieillard resté vigoureux*

- Invitez vos élèves à composer un poème ou une chanson sur les émotions et leurs couleurs. Vous présenterez ce chef-d'œuvre coloré aux autres groupes. Il sera important de colorier son arc-en-ciel tout juste avant la présentation, et peut-être bien tout de suite après, également. Vous demanderez à vos élèves de verbaliser ce qu'ils ressentaient pendant la prestation.

- Demandez à l'enseignant de langue seconde de trouver des expressions liées aux couleurs afin d'enrichir les élèves dans cette matière.

- Présentez le peintre Picasso (en vous attardant par exemple à sa période rose et à sa période bleue). Proposez une recherche sur les grands peintres qui ont marqué l'histoire de l'art.

À LA FIN DE L'ANNÉE

Faites une activité de bricolage avec vos élèves. À l'aide d'un morceau de carton assez solide, demandez-leur de se bricoler un chapeau pointu représentant la mine d'un crayon de sa couleur préférée. Ils auront aussi la chance de porter un gaminet (t-shirt) que vous aurez teint en classe (voir ci-contre), et une photo-souvenir du groupe haut en couleur que vous formerez alors ! Remettez une photo à chacun.

Offrez à chacun de vos élèves un petit carton en forme de crayon sur lequel on pourra lire : « Quelles émotions désires-tu découvrir cet été ? » **(Voir fiche 31-b en annexe.)** Concluez le tout par un repas-partage très coloré !

Le bloc-notes

L'art de la teinture

Pour obtenir des gaminets colorés, il vous suffit de les mettre dans une casserole et de les couvrir d'eau. Ajoutez 15 ml de vinaigre blanc pour chaque tasse d'eau utilisée et l'un des ingrédients de la liste ci-dessous, puis laissez mijoter 15 minutes. Pour ce qui est des quantités, à vous d'expérimenter : la teinture relève de l'art, non de la science !

ROUGE : betteraves, canneberges, radis, framboises congelées

ORANGE : pelures d'oignon jaunes

JAUNE : pelures d'orange ou de citron, feuilles de carotte, graines de céleri, cumin moulu ou curcuma moulu

VERT : feuilles d'épinards, pelures de pomme Yellow Delicious

BLEU : bleuets en conserve ou feuilles de chou rouge

BRUN : café fort, graines d'aneth, poudre chili

GRIS : jus de raisin, jus de betterave

Stop, respire, bouge

Cette activité permet d'utiliser différents moyens pour régénérer l'état physiologique, c'est-à-dire l'état mental et physique des élèves, et ce, afin de favoriser une meilleure assimilation des connaissances. Elle amènera également les enfants à prendre conscience de cet état et à le changer.

AU DÉBUT DE L'ANNÉE

Jim Loehr est un auteur très reconnu aux États-Unis. Il a fait sa marque en entraînant 26 athlètes olympiques et professionnels qui ont réussi à atteindre des performances exceptionnelles.

Dans sa méthode, qu'il expose dans son livre *The Power of Full Engagement*[1], il parle de l'importance d'être constamment à l'écoute de son état physiologique et de s'assurer d'avoir des pauses toutes les 60 ou 90 minutes. Ces arrêts peuvent durer seulement de une à cinq minutes, mais doivent permettre de changer complètement cet état.

Si une personne affolée entre dans votre salle de classe, pensez-vous que votre état physiologique changera ? Certainement. Il suffit donc de quelques minutes, voire quelques secondes, pour le faire basculer. Heureusement, il existe des moyens moins radicaux et beaucoup plus simples pour y parvenir !

L'élève doit être dans un état propice pour recevoir un enseignement. Plusieurs facteurs peuvent nuire à sa concentration : la fatigue, le désintérêt, les problèmes familiaux et relationnels, etc. Vous connaissez ces facteurs ! Une graine semée sur un plancher ne poussera jamais. Assurez-vous donc de transmettre vos connaissances à une terre fertile.

Le bloc-notes

Souriez !

Pensez à sourire le plus souvent possible. Pratiquez cette philosophie et vous inciterez les jeunes à faire de même. Le sourire crée un automatisme qui réveille une énergie, une ouverture. Vous ne pouvez simplement pas, neurologiquement, penser de la même manière lorsque vous souriez. Il procure un bien-être immédiat qui permet d'être plus positif par rapport aux autres et aux situations que vous rencontrez. De plus, les gens vont plus naturellement vers les personnes qui sourient. Avec le sourire, tout devient plus facile. Ce n'est pas seulement un mythe, c'est une réalité. *Cheese !*

Lors de la première journée de classe, faites des exercices avec les élèves. Expliquez-leur que vous en ferez régulièrement pendant l'année afin de favoriser leur attention. Familiarisez-les rapidement avec cette nouvelle habitude. Modifiez souvent le type d'exercice que vous leur demandez de faire de façon à introduire la nouveauté dans leur cheminement. En voici quelques-unes qui peuvent changer l'état physiologique de vos élèves. Demandez-leur d'accomplir les actions suivantes :

> *Se lever, s'étirer, faire un tour sur eux-mêmes, toucher leur pied, faire un tour de l'autre côté et se rasseoir. Quelques secondes, et le tour est joué!*

> *Se placer debout, un en arrière de l'autre, et masser les épaules de celui qui est devant, lui tapoter le dos, de bas en haut, le flatter, puis faire demi-tour à droite. Pour rigoler un peu, utilisez le ton sec d'un commandant d'armée! Ensuite, le «massé» devient le «masseur», douce revanche. Non seulement le but premier de changer l'état physiologique des enfants est atteint, mais vous provoquez également un contact physique, qui amène un rapprochement entre les élèves.*

> *Marcher accroupi pendant 30 secondes.*

> *Faire simplement le tour de la classe à la queue leu leu, dans un sens et ensuite dans l'autre.*

> *Faire, deux par deux, le jeu de mains connu de tous les jeunes. Sinon, inventez-en un simple! Demandez-leur de frapper la paume de leur main gauche sur celle de la main droite de l'autre, le revers de leur main droite sur celui de l'autre et ensuite de frapper deux fois dans leurs propres mains. Trente secondes, et on replonge dans la matière.*

> *Raconter une blague. Tout le monde la rit et on poursuit! Habituellement, si vous utilisez le corps pour régénérer l'état physiologique, l'effet sera plus efficace qu'une simple blague, du fait que vous impliquez une plus grande partie de la population neuronale du cerveau.*

Le bloc-notes

Calmomètre*

Pouvant être présenté à l'ensemble de la classe, ce tableau donne une représentation visuelle concrète de l'état physiologique ou psychologique des enfants. La zone verte indique une situation de confort, la jaune, une zone de confort moyen et la rouge, une zone d'inconfort. Également disponible en version individuelle, cet outil aide beaucoup les élèves à exprimer leur état, car ils associent rapidement les couleurs aux feux de circulation. Vous pouvez facilement fabriquer un calmomètre en dessinant un énorme thermomètre ou en utilisant une simple règle.

* Le Calmomètre est un outil disponible chez Impact ! Éditions.

PENDANT L'ANNÉE

C'est maintenant connu: il arrive que des enfants de cinq ans reçoivent un diagnostic de syndrome d'épuisement professionnel (*burnout*). Les jeunes doivent donc apprendre en bas âge à prendre des pauses. Voici quelques moyens pour les conscientiser. Demandez-leur d'accomplir les actions suivantes:

> *Faire une recherche sur l'importance de prévoir des temps d'arrêt. Vous leur enseignez ainsi à adopter une discipline qu'ils vont peut-être garder toute leur vie.*

> *S'autoévaluer à l'aide d'un «calmomètre» lorsqu'ils effectuent leur travail quotidien. Questionnez-les sur la force de leur colère. Se situe-t-elle au plus bas ou au plus haut du «gradateur»? Plus ils se dirigent vers le haut ou vers le rouge, plus il est important pour eux de changer leur état physiologique.*

> *Faire une recherche sur les bienfaits de la respiration. Pourquoi nous calme-t-elle rapidement? Apprenez-leur à l'utiliser et à la pratiquer régulièrement en classe. En général, le rythme de respiration le plus recommandé respecte le ratio «1-4-2» (voir à la page suivante).*

Remettez simplement aux élèves une pancarte sur laquelle il est écrit: «Stop, respire, bouge.» **(Voir fiche 32-a en annexe.)** Elle constituera pour eux un rappel de l'importance de prendre des pauses régulièrement pour augmenter leur performance. En utilisant le format habituel du panneau d'arrêt, vous utilisez un symbole ancré dans la mémoire du jeune et qui vient renforcer l'importance d'arrêter. Vous pouvez même prendre les derniers jours de l'année scolaire pour leur demander de le colorier en rouge. Signez votre nom à l'arrière en inscrivant de se souvenir de prendre des moments d'arrêt.

Le bloc-notes

Respiration 1-4-2

Une manière facile et accessible à tous de faire le plein est de pratiquer la respiration selon un ratio de 1-4-2. Le premier chiffre indique le temps accordé pour l'inspiration, le deuxième représente le temps pendant lequel nous devons maintenir notre souffle et le troisième, la durée de l'expiration. On peut évidemment multiplier ces nombres. En d'autres termes, si la personne inspire pendant 10 secondes, elle doit tenir sa respiration pendant 40 secondes et expirer pendant 20 secondes. Physiologiquement, l'organisme fait le plein d'oxygène lors de l'inspiration. Lorsque nous maintenons notre respiration, l'oxygène est distribué un peu partout dans notre corps et entraîne une meilleure communication entre les cellules. Pendant l'expiration, nous évacuons les impuretés. Pratiquez cette technique régulièrement, à raison de deux ou trois séries de cinq respirations conscientes par jour. Vous serez ravi des bénéfices énergétiques que vous en retirerez !

Laver, laver !

On le dit souvent : « Mieux vaut prévenir que guérir. » Voici une activité qui vise à sensibiliser les enfants à l'importance de régler leurs conflits avant qu'ils s'aggravent.

AU DÉBUT DE L'ANNÉE

Devant la classe, posez aux élèves les questions suivantes :

> *Qu'est-ce qu'un problème ? Qu'est-ce qu'un conflit ?*

> *Les problèmes et les conflits vous dérangent-ils ?*

> *Comment vous sentez-vous lorsque vous tentez d'ignorer un problème ou un conflit ? Êtes-vous heureux ? Êtes-vous tiraillés ? Êtes-vous en paix ?*

Discutez ensuite des situations de problèmes et de conflits. Un problème non réglé, c'est inquiétant. Quand nous l'ignorons, il reste là sans bouger, il ne part pas tout seul. Donnez aux élèves des exemples de situations non réglées et montrez comment celles-ci peuvent entraîner un tourbillon de conséquences fâcheuses. Lisez ce qui suit en guise d'exemple.

Pauvre Mimi !

> *Mimi n'a pas terminé son devoir hier soir. Elle préférait aller jouer dehors. Ah ! Elle s'est bien amusée… Mais ce matin, elle ne se sent pas bien du tout, du tout. Elle se sent anxieuse comme tout ! Elle sait qu'elle va perdre des points et elle a très peur que Mme Pointu, son enseignante, la gronde devant tout le monde ! De plus, elle croit qu'elle commence déjà à prendre du retard, car elle n'a pas tout à fait bien compris la leçon de ce matin. Tout à coup, elle commence à se sentir moins bonne et elle a peur d'échouer l'évaluation ! Elle tente évidemment de cacher ses craintes, mais elle y arrive bien mal. Au lieu de garder son calme, voilà qu'elle dérange les autres et fait des pitreries pour cacher son inquiétude. Oups ! Elle vient de manquer une explication importante… Quel cercle vicieux que tout cela ! On dirait un virus ! Un microbe qui s'est emparé d'elle et qui prend de plus en plus de force, de puissance et de résistance ! Que va-t-il lui arriver maintenant ?*

Discutez brièvement avec les élèves du cas de Mimi, en soulignant la métaphore employée pour représenter son problème.

Ensuite, présentez-leur ce nouveau moyen de s'encourager à régler leurs difficultés.

Présentez-leur un contenant de savon antibactérien sans eau. Expliquez à quoi il sert (à se laver les mains, à désinfecter, à tuer les bactéries, etc.). Demandez aux élèves de tendre les mains. Appliquez une petite goutte de savon antibactérien sur une main de chaque élève, mais en insistant pour qu'ils attendent avant de se frotter les mains. Discutez avec eux de la sensation que leur procure cette goutte dans leur main (froideur, viscosité...). Demandez à l'enfant de regarder la goutte de savon qui reste intacte dans la main. Qu'arrive-t-il si nous décidons de ne plus laver nos mains ?

La multiplication des microbes ressemble incroyablement à nos conflits. Lorsque nous décidons de ne pas régler une situation, le problème s'aggrave. Parfois, il devient si accaparant qu'il peut mobiliser notre vie de tous les jours. Le problème non résolu peut parfois même empêcher un élève d'aller à l'école ! Comme les microbes, le problème se propage et, en créant d'autres conflits, devient un problème encore plus gros. Lorsque nous attrapons un virus, il est trop tard, la seule solution est de soigner les symptômes.

Demandez maintenant aux élèves de frotter leurs mains ensemble pour les laver et ainsi assécher le savon. Ce faisant, offrez des points de repère qui peuvent aider à régler les conflits ou certains problèmes précis.

Voici des exemples de modèles de résolution de problèmes.

Pour régler une chicane :
> *Je m'arrête.*
> *Je m'éloigne.*
> *Lorsque je suis redevenu calme, j'essaie de régler le problème avec mon ami.*
> *Ensemble, nous trouvons des solutions.*

Pour éviter d'avoir des problèmes avec mes devoirs :
> *J'écris mon devoir dans mon agenda.*
> *Je prévois un moment après l'école pour accomplir mon travail.*
> *Je demande à un adulte de m'aider si nécessaire.*

Écrivez les points de repère discutés ensemble sur une affiche et placez-la bien en évidence dans la classe.

Chaque fois qu'un élève vient vous parler d'un conflit, trouvez les solutions avec lui et, à la fin de l'intervention, demandez-lui de se laver les mains. Réactivez la métaphore en lui disant quelque chose comme : « Bon, nous avons réglé notre conflit, maintenant les microbes ne se propageront plus ! »

PENDANT L'ANNÉE

- Invitez l'intervenante scolaire à venir discuter de l'importance de l'amitié et des bonnes manières de l'entretenir.

- Dans les cours de sciences, faites une expérience sur les microbes. Avant d'entamer l'expérience, discutez avec eux des endroits les plus propices à l'invasion des microbes.

Ce dont vous avez besoin :
> *Six boîtes de pétrie*[1]
> *Six cure-oreilles*

Ce qu'il faut faire :
> *Prenez un cure-oreille et frottez-le sur une surface choisie par les élèves (par exemple, ce pourrait être une poignée de porte, un clavier d'ordinateur, une fontaine ou une souris d'ordinateur).*

Frottez-le ensuite sur la surface gélatineuse (Agar). Procédez de la même manière avec les autres surfaces. Dans une dernière boîte de pétrie, utilisez un peu de savon antibactérien.

Fermez les boîtes et scellez-les avec du ruban adhésif. Laissez le tout à la température de la pièce pendant environ deux semaines. De jour en jour, observez les changements. Au bout de deux à trois jours, vous pourrez déjà voir les microbes se multiplier. Faites ensuite un retour sur la technique présentée.

- Au cours d'art dramatique, proposez une séance d'improvisation sur le thème : « Ensemble, "désinfectons" nos problèmes ! » En d'autres termes, proposez à vos élèves d'improviser pour trouver des solutions à diverses situations problématiques.

- Invitez les enfants à fabriquer un carnet qui contient les étapes à suivre pour résoudre une situation et des suggestions de solutions pour régler divers types de conflit. L'enfant pourra alors le garder précieusement et s'y référer au besoin.

- Faites tous ensemble une recherche sur les microbes. Trouvez les noms de divers microbes existants et utilisez-les dans une dictée ou dans un concours d'épellation.

À LA FIN DE L'ANNÉE

Demandez aux élèves de tracer et de découper leur main sur du papier construction de différentes couleurs. Écrire sur un côté de la main « Gare aux microbes cet été ! » et à l'endos, inscrire des points de repère discutés et proposés durant l'année. Pour conclure, donnez un échantillon de savon antibactérien à chacun de vos élèves.

Le carnet d'autographes

Le carnet d'autographes est une activité destinée à amener les élèves à être conscients des efforts à fournir pour mériter des commentaires positifs de la part des autres et pour créer des relations chaleureuses. Les élèves apprendront également à offrir et à recevoir des compliments.

AU DÉBUT DE L'ANNÉE

Habituellement, c'est en fin d'année scolaire que les élèves font signer leurs amis dans un carnet d'autographes, pour se rappeler d'eux. Initiez plutôt cette activité dès la rentrée. Les élèves apprendront ainsi à mériter les commentaires positifs de leurs collègues dès le début et tout au long de l'année.

Demandez à vos élèves d'apporter un carnet d'autographes pendant la première semaine d'école. Ils pourraient également en fabriquer un à leur image. Chaque élève peut créer une page couverture à son goût et inscrire, sur la seconde page, le titre de ce carnet. (Par exemple, « Mes 26 amis ».) Demandez-leur ensuite de faire une enquête sur leurs camarades de classe en leur demandant leur nom, la façon dont ils l'écrivent et leur numéro de téléphone. S'ils veulent obtenir des informations, ils devront être sympathiques. Il n'est jamais trop tôt pour bien faire !

PENDANT L'ANNÉE

Mettez l'accent sur les compétences sociales et relationnelles que chaque élève doit posséder pour bonifier sa boîte à outils. Apprenez-leur à créer de bonnes relations, à se faire des amis, à aider les autres, à gérer les conflits et les différences. Pour y arriver, prévoyez chaque mois une activité où les élèves devront utiliser leur carnet d'autographes. Voici des exemples.

- Incitez-les à écrire dans leur carnet un message qui s'adresse à eux-mêmes et qui porte sur leurs qualités ou sur ce qu'ils aiment (premier mois). Offrez-leur simplement une structure pour vous assurer que le message est suffisamment développé et détaillé.
- Proposez-leur d'écrire un rêve ou un objectif qu'ils souhaitent atteindre avant la fin de l'année.
- Demandez aux élèves de faire signer leur carnet d'autographes par d'autres enseignants.
- Encouragez-les à faire signer plusieurs personnes de leur entourage.
- Donnez-leur comme devoir de faire signer une personne qu'ils ne connaissent pas. Si vous faites une sortie où les jeunes rencontrent des nouvelles personnes, faites-leur récolter une signature de l'une d'elles. Ils doivent alors entrer en contact avec quelqu'un et développer leurs habiletés et leurs compétences pour surmonter une certaine timidité.

- Jumelez des classes différentes. Les enfants doivent obtenir cinq autographes d'élèves d'une autre classe. Chaque enfant développe ainsi un contact assez personnel avec d'autres jeunes de l'établissement scolaire.

À LA FIN DE L'ANNÉE

Au cours du dernier mois de l'année, tous les élèves de la classe doivent signer dans tous les carnets des autres, en y inscrivant un commentaire ou simplement leur nom. Grâce à ce projet, les enfants repartent avec leur carnet en main. Celui-ci représente alors tout leur cheminement vers l'acquisition de nouvelles compétences relationnelles. De plus, ils conserveront un souvenir de chacun de leurs camarades de classe.

Lettres en folie

L'objectif visé ici est de valoriser la lecture et l'écriture en suscitant la curiosité et le désir de faire des découvertes.

AU DÉBUT DE L'ANNÉE

Distribuez de une à trois lettres d'une même couleur à chacun de vos élèves. Ils devront se jumeler avec les élèves qui possèdent des lettres de la même couleur qu'eux afin de trouver le mot qui peut être formé à l'aide des lettres qu'ils ont en main. Les mots suggérés pour cette première journée sont les suivants : Plaisir (vert), Respect (bleu), Amitié (rouge), Partage (jaune), Collaboration (rose), Entraide (gris) et Effort (orange).

Dès que les mots seront découverts, chaque équipe sera invitée à s'exprimer sur le sens que ce mot prend aujourd'hui dans la classe. Les mots seront affichés au mur, bien en vue. Ce seront des mots-clés à retenir tout au long de l'année.

Assurez-vous de faire de cette activité un événement très amusant, rythmé et haut en couleur, afin que soit mis de l'avant le plaisir de la découverte. Insistez auprès des enfants sur le plaisir qu'ils auront à décoder de nouveaux mots et à les utiliser pour communiquer et pour s'exprimer.

PENDANT L'ANNÉE

- Discutez avec vos élèves de la manière d'évaluer et d'attribuer des notes aux travaux scolaires. Un travail qui a obtenu une évaluation de B est-il mieux réussi que celui qui a reçu un D ? Pendant une semaine complète, notez les résultats des enfants en utilisant des lettres.

- Sensibilisez les enfants aux sonorités que produisent les lettres et les chiffres. Voici un exercice qui exploite les sons produits par ceux-ci.

Lisez les lettres et les chiffres suivants un à un, à haute voix :

> *LIAVQ, LIRST, LM1ABOQPACD1iDOPi.*
Elle y a vécu, elle y est restée, elle aime un abbé occupé à céder une idée au pays.

> *G 16 i 2 SO 6.*
J'ai saisi deux saucisses.

> *G K C 1 9.*
J'ai cassé un œuf.

- Demandez aux élèves de composer eux-mêmes des phrases avec des lettres à écouter et de s'amuser à les faire découvrir aux autres.

- Remplacez le ☆ par une lettre :
Lettres utilisées : A B C D E G H I J K L M N O P Q R S T U V Z

> *Quel drôle d'oiseau, ce* ☆ *!*
> ☆ *un* ☆
> *Il* ☆ *chanter, une* ☆ *pendante, le* ☆ *levé, en* ☆ *de l'arbre entaillé à coups de* ☆
> *Il chante un* ☆ *rapide, tranquille, près de son nid empli de mousse, plumes,* ☆
> *Puis il se … et finalement s'* ☆ *remet en douceur.*
> ☆ *une impression ?* ☆ *enfants l'écoutent, bouche* ☆
> *Qui l'* ☆ *cru ?*
> ☆ ☆ *aussi et les* ☆ ☆ *enregistrer de magnifiques envolées,*
> *moments de* ☆*, sans* ☆

SOLUTION : Quel drôle d'oiseau, ce **G** ! / **C** un **K** / Il **M** chanter, une **L** pendante, le **Q** levé, en **O** de l'arbre entaillé à coups de **H** / Il chante un **R** rapide, tranquille, près de son nid empli de mousse, plumes, **E** / Puis il se **T**… et finalement s'**I** remet en douceur. / **S** une impression ? **D** enfants l'écoutent, bouche **B** / Qui l'**U** cru ? / **JV** aussi et les **ZA** enregistrer de magnifiques envolées / moments de **P**, sans **N**

- Découvrez avec les jeunes le fonctionnement du système postal, basé sur des lettres et des chiffres. (À ce sujet, nous vous suggérons de consulter le site Web du Musée canadien de la poste à www.civilisations.ca.) Attribuez un code postal significatif à chacune des classes de l'école.

- Huit noms de fleurs se cachent dans les lettres et syllabes suivantes. Demandez à vos élèves s'ils peuvent les trouver [1].

> *LU LI LE LIE RI AR MAR DE DI DOI PA PIN CHE NE VOT LA TA VAN GI MOI TE AN CO SE GUE*

SOLUTION : lupin, chélidoine, pavot, lavande, digitale, armoise, marguerite, ancolie.

- Invitez les élèves à trouver des formules de politesse, des mots qui font plaisir à entendre, des mots de paix et d'harmonie. Composez des saynètes sur la politesse en milieu de vie et sur les échanges entre élèves. Avant que les élèves se mettent au travail, établissez avec eux un code où chacune des lettres sera représentée, trouvez des mots gentils, polis, agréables à entendre, écrivez la liste de mots trouvés sur une grande affiche afin que tous puissent s'y référer en tout temps. Cette même liste pourra également être remise aux élèves afin qu'ils puissent la conserver avec leurs outils de travail. Les saynètes seront présentées aux autres, et vous leur demanderez d'évaluer à la fin avec un A, B ou C, selon les mots utilisés, le message véhiculé [2].

- Un peu avant la période des fêtes, organisez un grand courrier de Noël. Aidez vos élèves à écrire une belle lettre de souhaits à un destinataire anonyme de l'école. Chacun recevra une lettre qu'il sera invité à lire à haute voix. Seules les initiales de l'expéditeur seront au bas de la lettre, et l'élève qui la recevra devra tenter de trouver qui a écrit ce beau message. Une attention particulière sera portée à la calligraphie ; une écriture soignée sera exigée pour cette activité.

- Pour la Saint-Valentin, trouvez une grosse boîte de carton avec laquelle vous fabriquerez une boîte aux lettres. Attribuez un code postal significatif à chacune des classes et affichez-le près de la boîte. Invitez les élèves

[1] Source : http://martine6.club.fr/musimage/lettres/lettres.htm.

[2] Source : BOUCHARD, Édith. *S. O. S. Politesse : Politesse dans le dire, politesse dans l'agir*, Québec, Éditions Édith Bouchard, 2001, 184 p.

à s'écrire et à déposer leur lettre dans la boîte. Notez que le nom de l'élève et le code postal de la classe à laquelle il appartient devront être inscrits sur l'enveloppe. Le jour de la Saint-Valentin, vos élèves feront la distribution du courrier aux destinataires.

- Proposez des parties de Scrabble aux plus petits. Invitez des gens du troisième âge de la communauté à venir vous visiter pour y jouer avec les élèves. Profitez-en pour les inviter par écrit, en prenant soin de respecter la manière habituelle d'écrire une lettre et de présenter les différentes formules usuelles de salutations possibles.

- Proposez une recherche sur Louis Braille et sur son alphabet.

> *Louis Braille est né en France, le 4 janvier 1809. À l'âge de trois ans, alors qu'il joue avec une serpette servant à couper le cuir dans l'atelier de bourrellerie de son père, il se blesse gravement à un œil. Au bout de quelques mois, l'autre œil est contaminé. Il s'agit d'un cas d'ophtalmie par sympathie, et Louis Braille perd complètement la vue.*

Il fréquente l'école de son village puis, à l'âge de 10 ans, il est admis à l'Institution royale des jeunes aveugles de Paris (devenue depuis l'Institut national des jeunes aveugles). Il y passera 24 ans de sa vie, d'abord comme élève, puis comme professeur. Le système braille naît officiellement en 1829. Louis Braille y apporte des améliorations et une deuxième édition paraît en 1837; c'est ce système qui est encore en vigueur aujourd'hui. Louis Braille meurt le 6 janvier 1852, à l'âge de 43 ans, victime de la tuberculose qui le mine depuis près de 17 ans. Sa maison natale abrite le Musée Louis-Braille ainsi qu'une bibliothèque [3].

- À la suite de cette première recherche, poursuivez votre quête en explorant les alphabets de différentes langues comme l'allemand, le grec, le russe, l'arabe ou l'espagnol. Quelles sont les similitudes et les différences entre ces alphabets?

> **L'alphabet allemand**[4]

L'alphabet allemand moderne compte les mêmes 26 lettres de base que l'alphabet français, tant en majuscules qu'en minuscules, et une vingt-septième lettre qui est un vestige de l'ancien alphabet allemand généralement appelé «gothique»: le ß. Le ß n'existe qu'en minuscule. Il est l'équivalent d'un double ss (s sec et sifflant). On l'appelle ess-tsett.

> **L'alphabet grec**[5]

Les sept voyelles de l'alphabet grec sont les suivantes:

α *Alpha*	ε *Epsilon*	ι *Iota*	ω *Omega*
ο *Omicron*	η *Eta*	υ *Upsilon*	

- Faites découvrir le plus long mot du dictionnaire aux plus petits: il s'agit bien sûr du mot «anticonstitutionnellement». Chacun recevra une lettre, et ils auront à les replacer pour former le mot. Vous pouvez chronométrer l'activité, et la prochaine fois, vous les mettez au défi de battre leur record pour former ce long mot correctement.

- Initiez les élèves aux mots cachés, aux mots croisés. Créez-en avec eux !

- Réalisez des charades et des rébus.

Exemples de charades[6] :

> *Mon premier, ton dentiste peut la réparer.*
> *Mon second, tu en as sur tes chaussures au printemps.*
> *Mon tout est un animal.*

SOLUTION : Caribou

> *Mon premier est un époux.*
> *Mon deuxième exclut la personne qui parle.*
> *Mon troisième est propre.*
> *Mon tout gesticule.*

SOLUTION : Marionnette

> *Mon premier est une boisson.*
> *Mon deuxième est une autre boisson.*
> *Mon troisième est une autre boisson.*
> *Mon tout est encore une boisson !*

SOLUTION : Café au lait

- Cherchez de l'information sur les vitamines essentielles à la santé. Trouvez à quoi sont utiles les vitamines A, B1, B3, B5, B6, B12, C, D, K, B2, B9, E. Où les retrouve-t-on ailleurs que dans les capsules vendues à la pharmacie ?

- Pour la fête des Mères, fabriquez un magnifique signet personnalisé. Après avoir annoncé l'activité, demandez aux enfants quel est le pouvoir des lettres ; lorsqu'elles sont rassemblées, que peuvent-elles exprimer ? À la suite de cette réflexion, invitez-les à créer un signet avec un message significatif pour leur maman.

- À l'occasion de la fête des Pères, reprenez l'activité du début de l'année en demandant aux élèves de préparer des lettres de couleurs différentes, et ce, afin que papa y découvre un message juste pour lui. Les lettres seront soigneusement cachées à l'intérieur d'une carte créée par l'élève.

- Lors d'une activité spéciale, offrez un petit sac d'*Alphabits* (céréales à déjeuner) en collation aux enfants. Mettez-les au défi de composer un mot avec les lettres qu'ils auront reçues.

- Avec les plus grands, fabriquez un grand tableau périodique sur lequel vous n'indiquerez que les symboles. Invitez-les ensuite à trouver l'élément représenté par chaque lettre. Cet exercice pourrait servir de base à la création de mots croisés par la suite.

- Créez un recueil comprenant tous les exercices réalisés par les élèves dans le cadre de ce projet afin que tous puissent y avoir accès. Prenez soin de fournir les solutions à chaque problème afin que tous puissent se corriger par eux-mêmes. Vous aurez là une belle banque d'activités !

[6] Source : www.parcours.qc.ca/chasse/rebus.pdf.

À LA FIN DE L'ANNÉE

Pour terminer l'année sur le thème des lettres, créez ensemble des acrostiches avec les prénoms des jeunes de la classe. Un acrostiche est un poème dont chaque vers commence par une lettre du prénom. Voici deux exemples d'acrostiches :

Joyeux
Enthousiaste
Aimable
Naturel

Sympathique
Ouverte
Pétillante
Honnête
Intègre
Energique

Pour consolider le tout, vous leur remettrez une courte lettre personnalisée leur souhaitant de belles vacances et les félicitant pour le travail accompli. Évoquez-y de beaux souvenirs du temps passé ensemble et insistez sur le pouvoir qu'ont les lettres de transmettre de beaux messages…

Ça colle !

Cette activité vise à aider les enfants à bien se connaître et à mieux cerner qui ils sont, en fonction de leurs valeurs, de leurs intérêts et de leur identité profonde.

AU DÉBUT DE L'ANNÉE

Dites aux élèves que vous allez tracer leur profil sur une feuille et qu'ils devront le remplir d'images qui les représentent. Fournissez-leur des images tirées de revues ou d'Internet, des mots découpés, etc. Cette activité leur permettra de présenter aux autres, d'une façon originale, qui ils sont et ce qui leur tient à cœur. Tracez le profil de chaque élève sur une feuille de papier de format 11" x 17". Pour ce faire, collez la feuille avec du ruban adhésif au tableau et faites placer l'élève de côté entre la feuille et une source de lumière, une lampe par exemple. Tracez le profil de l'élève et inscrivez son nom au bas de la feuille. Invitez chaque élève à remplir l'intérieur de son profil ent y collant des images qui le représentent. Cela vous donnera une bonne idée de ce que l'élève aime : ses artistes préférés, ses idoles, ses goûts, ses intérêts et ses passions… Il peut aussi découper des mots ou des lettres qu'il collera pour former des mots représentant ce qui est important pour lui (par exemple, les valeurs qu'il privilégie, ses buts, ses espoirs, etc.). Invitez ensuite chacun des élèves à présenter son profil à ses camarades de classe, puis collez tous les profils ainsi fabriqués un peu partout sur les murs de la classe.

PENDANT L'ANNÉE

- Afin de représenter les intérêts, les goûts, les forces et les valeurs de la classe, remplissez d'images les chiffres du groupe-classe. Affichez le résultat au-dessus de la porte de votre classe.

  Ce serait aussi intéressant que le personnel de l'école fasse la même activité en fabriquant de grosses lettres pour former le nom de l'école. De la même façon, vous pourrez remplir ces lettres avec des images représentant les valeurs ou les grands thèmes du projet éducatif de l'école. Si vous désirez impliquer tous les élèves de l'école, chaque classe pourrait être responsable de remplir l'intérieur d'une lettre.

  Si cette activité ressemble un peu au profil fabriqué en début d'année, elle vise surtout à analyser les valeurs qui animent chaque individu, et non à représenter des intérêts ou des passions. L'accent est donc mis sur les valeurs auxquelles l'élève accorde de l'importance et qui influencent ses choix.

- Sur une photo agrandie de l'élève, placez de petits morceaux de bandes velcro (utilisez le côté rugueux pour cette étape). Ensuite, invitez l'élève à nommer les valeurs importantes dans sa vie aujourd'hui. Demandez-lui d'expliquer pourquoi cette valeur est considérable et comment il en est venu à y accorder de l'importance. Par exemple, demandez-lui à quelle occasion il s'est servi de cette valeur pour prendre une décision ou encore quel événement a fait en sorte qu'il trouve cette valeur primordiale aujourd'hui. Invitez ensuite l'enfant à inscrire les valeurs cruciales pour lui sur des bouts de papier de couleur et à les coller sur l'autre bout de la bande velcro (côté plus doux). Il devra ensuite accrocher ceux-ci à sa fiche d'identité. L'aspect important de cette fiche est qu'elle peut être modifiée en tout temps. Lors des échanges en classe, vous pouvez en profiter pour demander aux élèves s'il y a eu des événements ou des situations qui ont modifié, influencé, renforcé ou confronté leurs valeurs. Si oui, encouragez-les à faire les changements nécessaires sur leur fiche. Ils pourront ainsi enlever les valeurs dépourvues d'importance pour eux et les remplacer par les nouvelles valeurs devenues incontournables.

- Organisez des journées thématiques durant lesquelles les élèves sont invités à se costumer. Par exemple, faire une journée chic, une journée clown, une journée animaux, une journée conte de fées… Amenez les élèves à porter attention aux actions et aux gestes qu'ils se permettent de faire lorsqu'ils se retrouvent dans la peau de quelqu'un d'autre.

À LA FIN DE L'ANNÉE

Pour terminer l'année, retracez le profil de vos élèves en leur demandant de le remplir à nouveau, mais en fonction de ce qu'ils sont devenus. Vous pouvez les inviter à comparer le profil de septembre à celui de juin. Y a t-il des changements ? Lesquels ? Pourquoi ? À l'endos du profil de juin, vous pouvez les inviter à coller des images représentant ce qu'ils aimeraient devenir et des images qui montrent comment ils se voient dans plusieurs années. Ce côté du profil ne sera probablement pas rempli et c'est bien normal : on ne peut pas tout prévoir ! Il leur reste encore beaucoup de choses à découvrir sur eux-mêmes !

Citoyen de mon école

Cette activité est un projet rassembleur qui a pour but d'aider les enfants à définir ce qu'est un bon citoyen. Ils apprendront ainsi que les citoyens doivent respecter certaines règles, qu'ils sont responsables d'embellir leur ville et de la rendre dynamique et intéressante. Cette activité aidera les enfants à faire un lien entre les règles de vie de l'école et les lois qui régissent une société.

AU DÉBUT DE L'ANNÉE

Afin que les enfants aient l'impression d'être dans une ville lorsqu'ils entreront dans l'école, installez une affiche sur laquelle il sera écrit en grosses lettres: «Bienvenue dans la ville de (nom de l'école)!» Vous pouvez aussi renommer certains endroits de l'école. Par exemple, le bureau du directeur deviendrait la mairie, le secrétariat deviendrait le bureau d'information... Vous pouvez aussi, à l'aide de ruban gommé blanc ou jaune, faire des lignes au milieu des corridors, rappelant les lignes sur la route. Donnez aux corridors de l'école des noms de rue. Laissez-vous aller et installez des panneaux d'arrêt aux intersections! Lors de la première semaine, invitez les enfants à faire un rallye dans l'école afin de découvrir les différents endroits de leur nouvelle ville.

PENDANT L'ANNÉE

- Chaque classe sera désignée comme une famille de la ville. Il faudra donc se choisir un nom de famille. Pour ce faire, nous vous suggérons deux idées. La première consiste à faire avec vos élèves une recherche sur l'origine des noms de famille. Vous découvrirez que les noms de famille étaient donnés en lien avec la provenance géographique des gens, en plus de tenir compte de leurs traits de caractère ou de leurs caractéristiques physiques. Ainsi, une famille habitant près d'un pont pouvait s'appeler les Dupont. Une famille très sage pouvait s'appeler les Lesage. La deuxième idée est de faire une recherche pour connaître les noms de famille qui étaient dominants dans la ville où l'école est située. Ainsi, chaque classe pourrait se voir attribuer un nom de famille qui fait référence aux familles qui ont habité cette ville.

- Cette activité s'adresse davantage aux élèves de deuxième et troisième cycles de l'école. Invitez-les à faire une recherche sur les différentes sociétés qui ont existé. Demandez-leur de trouver qui étaient ceux qui les dirigeaient et quelles étaient les lignes de pensée de ces sociétés. Faites ressortir les différentes règles et valeurs

> **Le bloc-notes**
>
> **Des dirigeants qui ont fait leur marque!**
>
> - Machiavel était très dur à l'égard de ses citoyens. C'est de lui que vient le « machiavélisme ».
> - Gandhi a milité toute sa vie pour une société pacifique.
> - Martin Luther King a été le leader du Mouvement des droits civiques, et prônait une société de non-violence.

qui les régissaient et comparez-les aux nôtres. Abordez aussi la notion de liberté. Sommes-nous vraiment libres de faire tout ce que nous voulons ? Que veut dire le mot « liberté » ? Où commence et où s'arrête notre liberté ?

- Invitez les élèves à s'informer pour découvrir quels sont les règlements municipaux de leur ville et qui les établit. Une visite à l'hôtel de ville serait très bénéfique. Les élèves pourraient préparer des questions à poser au maire et aux conseillers. Cette activité les aidera à mieux comprendre dans quel système ils vivent.

- Chaque mois, toutes les familles se rencontrent au gymnase et assistent à la remise de la médaille du citoyen honorable **(voir fiche 37-a en annexe)**. Une médaille est remise par famille. Le maire (la direction de l'école) les remet aux élèves ayant le mieux respecté le thème du mois. Voici des exemples de thèmes qui peuvent être traités pendant l'année : le respect, l'entraide, la participation, la bonne humeur, l'écoute, la persévérance, la gentillesse, la politesse, la motivation, l'effort…

- Comme dans plusieurs villes, vous pourriez organiser un carnaval. Chaque famille devrait alors confectionner une structure de neige les représentant. C'est un temps où l'on s'amuse ensemble !

À LA FIN DE L'ANNÉE

Pour terminer l'année, vous pourriez organiser une parade dans les rues autour de l'école. Chaque famille aurait pour mandat de trouver une façon originale de se représenter. Cela peut se faire avec un chandail de la même couleur, un chapeau spécial, un drapeau… Invitez les enfants à fabriquer ou à apporter des objets ou instruments qui font du bruit pour animer la parade.

Lors du retour dans la cour de l'école, toutes les familles seraient invitées à un pique-nique communautaire. Vous pouvez demander l'aide des parents bénévoles de l'école pour l'organisation de cet événement.

Les bernaches

Le but de ce projet est de développer chez les enfants la confiance envers le leader et envers les membres de son groupe en visant la collaboration et l'entraide dans le travail d'équipe. Quand on avance dans la même direction, c'est plus facile et ça donne un meilleur résultat!

AU DÉBUT DE L'ANNÉE

Présentez aux enfants des illustrations de bernaches (communément appelées outardes) et de voiliers de bernaches. Demandez-leur s'ils connaissent cet oiseau. (Qu'a de particulier un voilier de bernaches? Elles volent en V. Pourquoi y en a-t-il qu'une seule en avant? C'est celle qui guide le groupe, c'est le leader.) Invitez ensuite les élèves à confectionner une bernache avec un sac de papier brun.

Matériel requis:

> *un sac de papier brun (format pour les lunchs)*
> *du papier recyclé pour mettre à l'intérieur du sac de papier brun*
> *un rouleau de carton qui se trouve au centre du papier essuie-tout*
> *du carton noir*
> *de la peinture blanche et noire*
> *des modèles pour les ailes, la tête, les pattes et la queue* ***(voir fiches 38-a et 38-b en annexe)***

Étapes du bricolage:

1) *Peindre le rouleau de carton en noir. Laisser sécher. Ce sera le cou de la bernache.*
2) *Remplir le sac brun de papier recyclé. Cela formera le corps de la bernache.*
3) *Coller le sac de papier brun autour d'un bout du rouleau de carton.*
4) *Découper les modèles pour les ailes, la queue, les pattes et la tête.*
5) *Peindre le blanc de chaque côté des modèles pour la tête. Laisser sécher.*
6) *Coller la queue à l'arrière du sac de papier brun.*
7) *Coller les ailes de chaque côté du sac brun.*
8) *Coller ensemble les deux côtés de la tête mais seulement le bout du bec. Chaque côté formant le début du cou, les coller à l'intérieur d'un côté du rouleau de carton.*
9) *Au-dessous du sac brun, coller les pattes.*

En fin de journée, sortez dans la cour d'école et faites placer les enfants en V, de façon à imiter un voilier de bernaches. En tenant dans leurs mains la bernache confectionnée plus tôt dans la journée, ils se déplacent tel un voilier de bernaches. Vous pouvez même les inviter à faire le cri de la bernache. Après quelques minutes, changer de leader afin que chacun expérimente le sentiment d'être leader. Discutez ensuite de cette activité en insistant sur la nécessité de suivre le leader: cela permet à chacun de dépenser moins d'énergie, mais surtout de contribuer à une meilleure écologie d'ensemble (au sens de la programmation neurolinguistique). Il est alors important de s'encourager continuellement afin de parvenir à notre objectif commun.

Le lendemain, suspendez au plafond de la classe les bernaches confectionnées par les élèves en prenant bien soin de les placer en V.

PENDANT L'ANNÉE

- Les bernaches lancent des cris en se déplaçant pour s'encourager et se parler. Avec votre groupe, inventez votre cri de ralliement qui servira à vous stimuler durant les différentes activités vécues en classe. S'encourager nous donne de l'énergie afin de poursuivre et de persévérer dans le travail. Il faut profiter de l'énergie de tous. Il faut aussi apporter une bonne énergie, par exemple le fait d'arriver souriant et d'offrir son aide est aussi une façon de s'encourager.

- Voici une petite activité pour s'amuser et qui développera la confiance envers le leader. Un enfant se cache les yeux à l'aide d'un foulard et doit se déplacer dans la classe ou dans l'école en suivant les directives d'un autre élève. Revenez ensuite sur l'activité pour permettre aux enfants d'élaborer sur ce qu'est à leur avis un bon leader. À qui est-on porté à faire confiance ? Est-ce important d'être un bon leader ? Est-ce important de suivre un leader ? Lequel ? Pourquoi ?

- Nous suggérons de visionner le film *Premier envol*[1]. Ce film raconte l'histoire d'une petite fille qui élève des bernaches. Elle leur apprend à voler et à migrer. Le printemps suivant, les bernaches reviennent. En groupe, discutez ensuite du film et faites ressortir les éléments liés à vos réflexions sur le leadership.

- Invitez vos élèves à faire une recherche écrite sur la bernache du Canada.

- Sur une carte du Canada que vous afficherez en classe, tracez le trajet de la migration des bernaches. Pour ce faire, laminez une image d'un voilier de bernaches et placez-la à l'endroit où se trouvent les bernaches en septembre. À mesure que les semaines avancent, déplacez le voilier de façon à identifier les endroits parcourus par les bernaches.

- Lorsque vous présentez ou entreprenez un projet avec les enfants, utilisez souvent la phrase « Prenons notre envol » afin de les motiver et de leur rappeler qu'ils devront travailler ensemble et collaborer. Dégagez l'importance de s'unir, car le travail est souvent plus facile et plus agréable lorsque tout le monde y met de l'effort et de l'énergie. Ayez cette phrase en évidence dans la classe.

- Discutez avec eux de l'importance de choisir un bon leader. Dans un voilier de bernaches, il arrive parfois qu'une bernache décide de sortir du voilier et de prendre une autre direction. On voit quelques oiseaux se rallier à celle-ci et partir avec elle dans cette nouvelle direction. Mais est-ce la bonne direction ? En classe, si un élève ne fait pas ses devoirs, je peux choisir de me rallier à lui et de faire de même. Mais est-ce que cela m'influencera de façon positive ? Est-ce la bonne voie à prendre pour réussir ?

- Faites ressortir l'importance de bien choisir son leader.

- Demandez aux élèves quelles sont les qualités que doit avoir un bon leader. Sur des bernaches que vous aurez dessinées en prenant comme modèle l'illustration fournie **(voir fiche 38-b en annexe)**, inscrivez les réponses des élèves. Sur la bernache qui sera en tête du voilier, écrivez le titre « Qualités d'un bon leader » et, sur les bernaches qui suivent, inscrivez les réponses des élèves. Collez les bernaches sur un mur de la classe en formant un V.

- Au printemps, les bernaches sont de retour. Il serait intéressant de se rendre dans une réserve faunique ou dans un endroit où les oiseaux se rassemblent et prennent une pause. Les élèves pourraient les observer. Vous pouvez même joindre une activité d'art à cette sortie. Chaque élève apporte le nécessaire afin de peindre ou de dessiner les bernaches en s'inspirant de ce qu'ils voient.

- Faites réaliser aux élèves les moments où ils agissent comme guide. Lorsqu'ils expliquent un nouveau jeu à leurs amis, lorsqu'ils aident un pair, ils doivent alors donner des explications claires. Certains élèves agissent aussi comme guide vis-à-vis de leurs frères ou de leurs sœurs plus jeunes. Ils deviennent pour ceux-ci des modèles. Conscientiser les élèves au fait qu'ils sont parfois en situation de guide ou de modèle les aidera à développer un bon leadership.

À LA FIN DE L'ANNÉE

Remettez aux enfants une bernache sur laquelle il est écrit : « Repose-toi bien pendant les vacances avant le prochain envol ! »

Le yantra

Cette activité originale vise à valoriser l'essence de chacun des enfants afin de les amener à être plus conscients de ce qu'ils sont, de ce qu'ils ont à apporter aux autres et de l'importance de s'enrichir en s'ouvrant aux opinions différentes, tout en restant soi-même.

AU DÉBUT DE L'ANNÉE

Les Orientaux, et principalement les tenants du « tantrisme », dont découle une partie de l'hindouisme, utilisent les yantras. Il en existe 192 dans l'art tantrique. Ces formes géométriques possèdent chacune une valeur thérapeutique ou de croissance personnelle différente. Les yantras peuvent être utilisés pour appuyer certaines forces ou caractéristiques à l'intérieur de l'individu.

Voici, à titre d'exemple, un yantra (diagramme universel).

Demandez d'abord aux élèves de se choisir une couleur parmi 60 crayons de couleur que vous mettrez à leur disposition. Chacun choisit une couleur qui lui plaît et qui est différente de celles des autres. Par la suite, demandez-leur de colorier le yantra **(voir fiche 39-a en annexe)**, qui devient alors une sorte d'emblème pour la classe. Évidemment, si chacune des classes dans l'école a son propre yantra, il serait intéressant d'en faire une copie et de la mettre sur la porte de la classe, d'en faire une autre plus grosse pour afficher à l'entrée de l'école pour représenter les différents groupes et une troisième à l'avant de la classe.

Discutez ensuite ensemble de la couleur qu'ils ont choisie et de la manière dont ils ont contribué à la décoration du yantra. «Que dit cette couleur concernant ta personnalité? Elle est foncée? Aimes-tu prendre beaucoup de place? Elle est pâle? Tu te fais plutôt discret? Tu aimerais prendre ta place, mais les autres la prennent avant toi?»

Par ailleurs, cette activité peut devenir un outil pour évaluer les jeunes du premier et du deuxième cycles. Comme le corps ne sait pas mentir, vous pouvez accumuler plusieurs informations par ce simple exercice. Un élève qui aura mis très peu de sa couleur vous dévoile qu'il fera probablement peu de vagues durant l'année. Vous devrez sans doute le pousser à s'affirmer davantage. L'autre enfant qui laisse sa trace un peu partout sur le dessin vous révèle que vous aurez peut-être à restreindre ses passions et sa tendance à prendre beaucoup de place pendant les cours. Bref, vous en verrez de toutes les couleurs!

PENDANT L'ANNÉE

- Demandez aux jeunes de faire des recherches sur différentes religions, croyances ou pratiques spirituelles.
- Faites venir en classe des gens qui font du yoga ou de la méditation pour amener les enfants à expérimenter ce genre de pratique, mais de façon adaptée à leur âge.
- Organisez une visite dans une sorte de monastère ou dans un zendo où l'on pratique la méditation zen.
- Faites visionner des films qui traitent de méditation zen, de yantras, de culture orientale.

À LA FIN DE L'ANNÉE

Remettez à chaque enfant un crayon de la couleur qu'il avait choisie en début d'année pour lui rappeler la place qu'il prenait à ce moment-là. Vous pouvez également lui donner un crayon de la couleur de l'objectif atteint ou à atteindre dans les prochaines années. Faites une marque quelconque sur chaque crayon et inscrivez-y un message d'encouragement pour qu'il se distingue des autres.

Pour en savoir plus: de BRUNHOFF, Laurent. *Babar, le yoga des éléphants*, Éditions Hachette, 2004, 48 p. (*sept ans et moins*)

LALVANI, Vimla. *À chacun son yoga*, Éditions Solar, 2004, 192 p.

WILLS, Pauline. *À la découverte des chakras*, Éditions G. Tredaniel, 2003, 176 p.

Un trésor en nous

Cette activité vise à faire découvrir aux enfants que nous possédons tous un trésor en nous. Nous avons de la valeur : il ne faut pas en douter !

AU DÉBUT DE L'ANNÉE

Organisez une grande chasse au trésor dans toute l'école. Le trésor pourrait être un gros paquet de sous noirs. Lorsque l'on a seulement un sou noir, on a tendance à ne pas lui accorder beaucoup d'intérêt. Si on l'échappe, souvent on ne fera pas l'effort de le ramasser. Mais lorsque l'on rassemble plusieurs sous noirs, on réalise que la valeur que chacun apporte est importante dans le montant total. « C'est avec des *cennes* qu'on fait des *piastres* », comme le dit l'expression ! Pour organiser la chasse au trésor, confectionnez un plan de l'école sur lequel vous marquerez un endroit précis d'un gros X rouge. Placez ce plan dans une enveloppe et déposez celle-ci dans un endroit que vous aurez choisi. Formez des équipes de quatre avec vos élèves. Remettez-leur la première enveloppe, contenant le premier indice. Celui-ci pourrait se lire ainsi : « Pour parcourir le monde à la recherche d'un trésor, il ne faut pas avoir le ventre creux. Rendez-vous à l'endroit où vous dégusterez de succulents dîners. Vous y trouverez une deuxième enveloppe. » À l'aide des différents indices, les enfants se promèneront dans l'école à la recherche du trésor. Le dernier indice pourrait être cette carte qui les conduirait au trésor. Lorsque toutes les équipes l'ont trouvé, revenez en classe et discutez avec eux de ce qu'ils viennent de vivre. Demandez-leur ce qu'ils ont aimé et pourquoi. Parlez avec eux du trésor. Que symbolise-t-il ? Ces sous peuvent représenter les apprentissages qu'ils feront tout au long de l'année. Un à un, ils augmenteront leur bagage de connaissances.

PENDANT L'ANNÉE

- Demandez aux élèves ce que veut dire pour eux le mot « trésor ». Notez les réponses des enfants sur une image de coffre au trésor que vous leur aurez demandé de créer et affichez-la dans la classe.

- Invitez les élèves à faire une recherche écrite sur les chercheurs de trésors. On peut penser aux pirates, mais aussi aux chercheurs d'or et aux archéologues. Que cherchent-ils ? Qu'ont-ils trouvé ? Les élèves remettent leur texte à l'enseignante. Vous pouvez regrouper les textes dans une relieure à anneaux que les élèves pourraient consulter.

- Créez une journée où les enfants peuvent se costumer et se donner des noms de pirates. Décorez une grosse boîte en coffre au trésor et invitez les enfants à y déposer des objets qui ont de la valeur pour eux. S'ils ne veulent pas y déposer l'objet, ils peuvent en faire un dessin et le déposer dans le coffre. Vous pourriez adapter les activités pédagogiques de la journée, en français et en mathématiques par exemple, en fonction du thème des pirates. Pendant cette journée, mettez à la disposition des élèves des livres d'histoires sur les pirates.

- Au début de chaque mois, les élèves doivent partir à la recherche d'une bouteille, que vous aurez cachée dans l'école. Celle-ci contiendra un mot. Ces mots découverts chaque mois devront être regroupés pour former une phrase. La phrase à former est la suivante : « Le plus beau des trésors est en chacun de nous. » La phrase contient 10 mots, soit un mot pour chaque mois de l'année scolaire. Faites découvrir les mots dans le désordre, de façon à créer un suspense. En juin, placez la bouteille dans une belle boîte, dans laquelle vous déposerez également un miroir. Cachez le tout et, comme chaque mois, invitez les enfants à trouver la bouteille en leur précisant qu'elle est dans une boîte. Le miroir est important puisqu'il sera l'image du trésor. Lorsqu'on regarde dans un miroir, on voit notre reflet et c'est ainsi que les enfants comprendront que le trésor, c'est eux !

À LA FIN DE L'ANNÉE

Lorsque le temps du ménage de fin d'année arrive, les élèves enlèvent les décorations que le groupe a faites et ils trient leurs travaux scolaires. Au lieu de les placer au recyclage, récupérez ces décorations et ces travaux. Dans une boîte, invitez les élèves à placer les décorations et les travaux faits pendant l'année et enterrez la boîte sur le terrain de l'école. Les élèves trouveront bien excitant d'enterrer des traces de leur passage dans cette école.

On peut aussi inviter les élèves, surtout les finissants de sixième année, à se donner rendez-vous dans cinq ans. En terminant, vous pouvez remettre à chaque élève un petit miroir et un certificat personnalisé qui lui rappellera que le trésor, c'est lui ! **(Voir fiche 40-a en annexe.)**

Le cercle-surprise

Cette activité incite les enfants à prendre conscience que leur réalité n'est pas nécessairement celle de l'autre. En se mettant littéralement à la place de quelqu'un, ils comprendront qu'une vision différente ou complètement opposée à la leur peut souvent être bien réelle. Preuves à l'appui !

Cet exercice peut également être utile pour représenter la philosophie globale d'une classe ou d'une école, privilégiant ainsi l'ouverture à la différence et au partage des points de vue. Il est bien connu que les enfants sont, en général, égocentriques. Grâce à cette activité, ils découvriront que l'autre a également un nombril !

AU DÉBUT DE L'ANNÉE

Pour illustrer l'idée que les perceptions peuvent varier énormément d'une personne à l'autre, présentez l'image des cercles concentriques **(voir fiche 41-a en annexe)** aux enfants. Réunissez-les en équipes de deux. Placez l'illustration de manière que les élèves se retrouvent face à face, soit à 180 degrés l'un de l'autre. Demandez-leur de discuter de ce qu'ils voient.

S'il est clair pour l'un d'eux que les cercles apparaissent dans les creux des courbes, pour le deuxième élève, les cercles apparaîtront sur les bosses. Évidemment, chacun a sa perception, opposée à celle de l'autre. Ensuite, changez l'illustration de côté. Malgré leurs versions divergentes, ils verront que chacune d'elles est tout à fait juste. Insistez sur le fait que ce genre de situation se produit tous les jours, et qu'il peut arriver très fréquemment que deux points de vue opposés coexistent.

PENDANT L'ANNÉE

- Encouragez chaque élève de l'école ou de la classe à chercher à comprendre le point de vue de l'autre ou à envisager une autre option que la sienne.

- Demandez aux enfants d'apporter l'illustration des cercles concentriques à leurs parents et de leur en expliquer la signification.

- Présentez-leur des dilemmes moraux. Par exemple, si un enfant est pris en train de ramasser des cigarettes par terre en arrière de l'école, que peut-on conclure ? Évidemment, il est simple de déduire qu'il vient de fumer et qu'il veut cacher la preuve. Amenez-les alors à

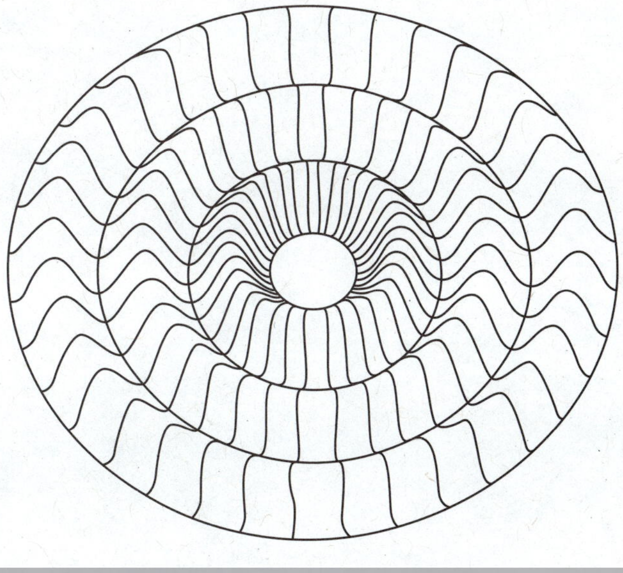

voir un autre côté de la médaille, une autre hypothèse. De la même manière, lorsqu'un élève échoue, il pourrait lui arriver de conclure que c'est parce qu'il n'est pas bon. Suggérez-leur alors d'envisager d'autres manières d'interpréter cette situation. Pourquoi certains enfants lancent-ils souvent des insultes ? Sont-ils méchants ou souffrent-ils profondément ?

- Pour tout ce que vous leur enseignez, amenez-les à rester ouverts. Par exemple, si vous enseignez l'histoire d'un pays, mentionnez ses bons, mais également ses mauvais côtés. Tentez toujours de leur faire voir le pour et le contre des choses.

À LA FIN DE L'ANNÉE

Demandez-leur de créer un écusson qui illustre l'ouverture d'esprit et de l'offrir à quelqu'un qui, selon eux, le mérite. Ils félicitent ainsi les personnes parvenues à s'ouvrir aux visions des autres. Proposez-leur de faire un bilan de ce qu'ils ont amélioré sur le plan relationnel.

Côté nature, côté givré!

La routine et l'ordinaire sont nécessaires, mais il est intéressant parfois de mettre du piquant dans notre vie, de donner un « petit côté givré » aux choses, d'embellir notre quotidien et de rendre l'ordinaire… tout à fait extraordinaire!

AU DÉBUT DE L'ANNÉE

Préparez pour chaque élève un petit sac dans lequel vous aurez pris soin de glisser des céréales *Mini Wheat*[1]. Assurez-vous d'en donner le même nombre à tous les élèves. Invitez-les ensuite à les manger. Pendant la dégustation, questionnez les élèves. « Qu'est-ce que ces céréales ont de particulier ? » Évidemment, ils vous répondront qu'elles ont deux côtés différents : un côté nature et un côté givré. Demandez-leur ensuite quel est le côté qu'ils préfèrent et pourquoi. Poursuivez ensuite en leur posant les questions suivantes : « Trouvez-vous que vos parents ou vos amis sont comme des *Mini Wheat* ? Pourquoi ? Quels sont leur côté nature et leur côté givré ? » Comme les enfants ont souvent plus de facilité à parler des autres que d'eux-mêmes, ils reconnaîtront plus facilement les côtés rigolos et plus réservés chez les autres.

Afin d'obtenir une représentation concrète et visuellement attrayante de ces concepts, vous pourriez aussi fabriquer une céréale géante et l'installer dans la classe. Pour ce faire, utilisez un carré de styromousse. Sur les deux côtés, recouvrez le styromousse de morceaux de jute et entourez-le de rafia. Sur un seul côté recouvrez le rafia de peinture blanche. Une fois la peinture séchée, vaporisez-la de colle. Nous vous suggérons d'utiliser de la colle en aérosol, sur laquelle vous pourrez finalement saupoudrer une bonne quantité de sucre en poudre.

Pour terminer cette mise en situation, il serait bon de faire remarquer aux enfants qu'on a besoin des deux côtés. On ne peut pas toujours être sur un seul côté. Il n'y a plus rien d'extraordinaire si c'est toujours pareil. Il faut savoir tirer profit de toutes les facettes de notre personnalité !

PENDANT L'ANNÉE

- Organisez une journée givrée, c'est-à-dire une journée spéciale pendant laquelle tous les élèves de la classe s'habillent chic. Ici, l'aspect « givré » fait référence au côté « glamour » des soirées, au fait que l'on aime se faire beau et belle pour certaines soirées ou occasions spéciales. On peut faire une cérémonie officielle lors de l'entrée en classe où chaque élève est accueilli comme une star. Une photographie de chaque élève peut être prise avec la céréale géante.

- Donnez l'occasion aux élèves de laisser aller leur créativité lors d'un devoir givré. Par exemple, vous pourriez les obliger à utiliser tous leurs crayons de couleur dans un devoir de mathématiques ! On suggère un devoir givré par mois.

- Confectionnez un bricolage givré.

Matériaux :

> *Des œufs évidés*

> *De la colle blanche liquide*

> *Des colorants alimentaires*

> *Du sucre ou du sel*

> *Un pinceau et un contenant pour la colle*

> *Des bouchons de bouteille en plastique pour poser les œufs*

Instructions :

> *Si les œufs n'ont pas été vidés, évidez-les avec l'enfant.*

> *Mélanger quelques gouttes de colorant alimentaire (la couleur de votre choix) avec une petite quantité de colle blanche.*

> *Peindre la coquille d'œuf avec le mélange colle-colorant.*

> *Saupoudrer l'œuf de sucre ou de sel.*

> *Laisser sécher le tout et en admirer le résultat. Superbe !*

> *Pour présenter l'œuf, vous pouvez utiliser un bouchon de bouteille en plastique peint.*

- Faites ressortir avec les élèves ce qu'ils apprécient de leur côté nature, de la routine, du quotidien. Faites-leur voir que cela amène un sentiment de sécurité, une bonne gestion du temps et que le calme et la douceur d'un moment paisible sont nécessaires dans la vie.

- Au début de l'année scolaire, dites aux enfants que chacun d'entre eux sera responsable de givrer la journée d'un autre élève. On place dans un sac ou un bol tous les noms des élèves en inscrivant à côté de chaque nom la date de fête de cet élève. On procède à la pige. Les élèves doivent rendre tout à fait spéciale la journée de fête de l'élève qu'il a pigé. L'élève peut, par exemple, lui préparer une carte, un gâteau, décorer la classe, être son serviteur pour la journée, lui donner plusieurs petits cadeaux pendant la journée (des petites choses pas trop chères achetées dans un magasin à un dollar ou des jouets dont les enfants souhaitent se défaire), etc. Si la journée de fête de l'élève tombe un jour de fin de semaine, il peut être fêté le vendredi précédent ou le lundi suivant. Pour les élèves qui ont leur fête en juillet ou en août, fêtez-les au mois de juin, mais en conservant la même date. Pour garder cette journée en souvenir, prenez une photographie de l'élève fêté en compagnie de l'élève qui a givré sa journée.

- Sur un mur de la classe, avec des bandes décoratives, délimitez un rectangle que vous diviserez en deux sections. La section des moments natures et la section des moments givrés. Sur de petits cartons carrés blancs, inscrivez les moments givrés vécus en classe. Vous pouvez ajouter des brillants pour décorer les cartons. Sur des cartons bruns, inscrivez les moments natures vécus avec vos élèves. Utilisez du rafia pour décorer les cartons bruns. Au fil des jours de l'année scolaire, vous enrichirez votre tableau avec les moments qui auront marqué l'année scolaire de vos élèves.

À LA FIN DE L'ANNÉE

Pour la dernière journée, on redistribue aux élèves des sacs contenant la même quantité de céréales qu'en début d'année. On les déguste en se rappelant les moments vécus pendant l'année scolaire. Chaque enfant part avec la photographie de sa journée givrée.

Le bloc-notes

Activité pour les enseignants avant la rentrée des élèves

L'objectif de cet exercice est d'amener vos collègues à devenir conscients des sentiments que pourraient éprouver les enfants de votre école. Mais cela, vous ne le leur expliquerez qu'après coup.

Affichez une photographie ou un dessin de votre école sur un babillard en liège. Offrez une punaise à chaque professeur. La couleur de chacune des punaises utilisées doit correspondre à un groupe d'élèves de l'école. Par exemple, vous pourriez établir que les punaises vertes représentent les élèves qui réussissent bien, les jaunes, les élèves qui vivent des échecs, les rouges, ceux qui ont des problèmes de comportement, etc.

Si vous estimez qu'environ 40 % des élèves échouent dans une matière, donnez à 40 % de vos collègues des punaises jaunes (par exemple). Si 10 % des élèves de l'école ont des problèmes de comportement, donnez des punaises rouges à 10 % des enseignants, et ainsi de suite. Ensuite seulement, expliquez la signification de chaque couleur. Sensibilisez les enseignants aux sentiments des enfants qui vivent avec cette « couleur ».

Tout en réfléchissant sur les impacts de ce genre d'« étiquette », mettez en évidence les préjugés et les attitudes dont pourrait souffrir, par exemple, quelqu'un qui est vu avec une punaise rouge, c'est-à-dire avec un problème de comportement. Les autres seront-ils portés à le regarder différemment ? À le juger ? À lui attribuer certaines caractéristiques ?

Annoncez maintenant une séance de travail en équipe et demandez à vos cobayes de se regrouper. En général, vous constaterez que les verts auront tendance à se regrouper, que les rouges feront de même, etc. En effet, chacun devrait rechercher la présence de ses pairs. Une autre belle prise de conscience !

Pour conclure, demandez aux professeurs d'apposer leur punaise sur l'image qui représente l'école. Ils obtiendront alors une vision très nette de la manière dont tous les sous-groupes colorent l'établissement. La mission des enseignants étant d'aider tous ces jeunes, chaque enseignant ressort de cette expérience avec une conscience accrue de ce que chaque enfant vit quotidiennement à l'école. Voilà donc une expérience à tenter !

La chaîne de confiance

La chaîne est souvent utilisée comme symbole d'entraide ou d'interdépendance. Dans cette activité, l'image de la chaîne contribuera à conscientiser vos élèves de l'importance de chaque individu dans une salle de classe. Comme chacun a ses forces et ses défis particuliers, il faut apprendre à faire confiance et à s'entraider pour mieux réussir et pour développer un climat propice aux apprentissages.

AU DÉBUT DE L'ANNÉE

Initiez avec vos élèves une discussion sur la confiance. Demandez-leur en qui ils ont confiance. Pourquoi ?

Pour piquer la curiosité des élèves, demandez-leur de se placer debout en cercle. Joignez-vous au cercle vous-même, de même que tous les autres intervenants qui travaillent dans votre classe (éducateur spécialisé, aide-enseignant, moniteur de langue ou de lecture, etc.). Invitez-les ensuite à entrelacer leurs bras, en fermant les yeux. Expliquez-leur que chaque personne représente un maillon d'une grande chaîne très solide. Évidemment, afin de garder la chaîne bien serrée, ils auront à faire des efforts pour découvrir les forces et les défis de chacun. Ils devront déployer beaucoup de confiance envers leurs amis. C'est un peu comme dans une équipe sportive : chaque joueur doit faire confiance à ses coéquipiers.

Invitez ensuite les enfants à ouvrir les yeux et explorez avec eux les comportements qu'ils devront poser pour que la chaîne demeure solide (être encourageant envers les autres, être souriant, demeurer poli, remercier, aider les autres, rendre des services, etc.).

Demandez à un élève volontaire de se défaire de la chaîne. Qu'arrive-t-il si un chaînon faiblit et se détache ? La chaîne se dénouera, comme le fera le groupe. Elle se brisera (cela pourrait être dû par exemple au manque de respect, à des gestes d'intimidation, à l'insolence, aux moqueries, au mépris, à l'exclusion, etc.). Posez alors la question suivante : « Peut-on réparer la chaîne ? Sera-t-elle aussi forte ? » Faites ressortir que lorsqu'une personne de la classe est touchée, cette blessure pourra l'affecter pendant longtemps (comme le maillon brisé, il restera frêle). Sa confiance s'estompera.

Afin que la chaîne conserve sa solidité et sa beauté, il est important d'y faire attention et de bien la polir. Dans les relations interpersonnelles, le soin de la chaîne correspond à tous les mots d'encouragements et aux marques de respect et de confiance que les jeunes s'accordent entre eux.

Pour conclure, dessinez une chaîne sur une grande feuille de papier blanc. Dans chaque chaînon, écrivez les caractéristiques d'un groupe solide mentionnées lors de la discussion de la présentation de la technique. Affichez-la sur un mur de la classe et faites-y référence au besoin.

Lorsqu'une situation problématique survient dans la classe, faites un retour sur la technique de la chaîne en invitant les enfants à en polir l'ensemble. Vous pourriez par exemple indiquer que vous avez l'impression qu'il y a un chaînon qui faiblit, et leur demander ce qu'ils peuvent faire pour le renforcer.

Une bonne idée de renforcement positif et valorisant pour les plus jeunes serait de fabriquer une chaîne à porter en guise de collier. L'élève qui aura bien respecté ses compagnons de classe pourra alors le porter pendant une journée. Il en sera très fier.

PENDANT L'ANNÉE

- Découpez des bandelettes de papier construction, écrivez-y le nom de l'élève. Demandez à chaque enfant d'écrire un mot ou une qualité qui le décrit bien. Liez toutes les bandelettes pour former une chaîne que vous accrocherez dans la classe.

- Rassemblez tous vos élèves, placez-les l'un derrière l'autre et demandez-leur de tenir la taille du voisin de devant. Bandez les yeux de tous, sauf du premier de la chaîne, qui servira de guide. Les enfants devront alors suivre leur guide à la queue leu leu et se promener un peu partout dans la classe. Discutez ensuite avec les jeunes du sentiment de confiance qu'ils ont dû développer rapidement envers leur guide.

- En devoir, demandez aux élèves plus âgés d'écrire quelles sont les caractéristiques importantes de leur chaîne familiale.

- Invitez un pompier (ou un infirmier qui travaille à l'urgence d'un hôpital) à venir discuter de l'importance de ses coéquipiers et du travail d'équipe lors d'une intervention d'urgence.

- Écrivez, sur une bandelette de papier construction, un objectif ou une question pour la semaine. Par exemple, vous pourriez inscrire la question suivante: «Comment puis-je polir la chaîne pour qu'elle demeure bien solide?» Le vendredi, faites un retour sur les objectifs de chaque élève et trouvez des exemples concrets qui illustrent que l'objectif a été atteint.

- Effectuez l'activité de la chaise: tous les élèves se placent debout en cercle, l'un en arrière de l'autre. Le cercle doit être bien serré. Demandez ensuite à chacun des élèves de s'asseoir sur les cuisses de l'élève situé juste derrière lui, comme s'il s'assoyait sur une chaise. Si une personne tombe, tous les autres tomberont également. Discutez ensuite de l'importance de la solidarité dans le groupe.

- Faites le jeu «pêle-mêle»: tous les élèves se placent en cercle, main dans la main. Choisissez un volontaire: celui-ci devra quitter la salle. Demandez aux autres de s'entremêler, mais sans se lâcher les mains. Ensuite, le volontaire doit essayer de relever le défi de démêler le groupe, sans toutefois défaire les mains. Faites ensuite un retour sur la technique en expliquant qu'il arrive parfois que les maillons d'une chaîne s'entremêlent. Pour la démêler, nous avons besoin de persévérance et de patience, comme dans un groupe. Nous devons avoir du courage pour régler une situation.

- Jouez au parachute: un groupe d'élèves tient une toile en forme de parachute et un ballon est placé au milieu sur la toile. Les élèves ne doivent pas laisser tomber le ballon. Pour que cette activité laisse une marque indélébile, tout le monde doit avoir de l'entrain et participer activement à la tâche. Faites ensuite un retour sur l'importance de l'aide et de l'appui de tous les élèves de la classe.

- Demandez la collaboration de 11 élèves. Bandez les yeux de l'un d'entre eux. Les 10 autres devront entrelacer leurs mains afin de tisser une toile. Le volontaire devra se laisser tomber sur cette toile tissée de bras entrecroisés solidement et le groupe devra l'attraper. Faites un retour sur l'importance de la confiance entre camarades dans la classe.

- Développez un code ou un signe pour ancrer cette technique. « OK tout le monde, on s'accroche ! » Vous pourriez aussi montrer vos deux doigts croisés pour signifier aux élèves qu'il est temps de s'entraider.

- Distribuez à chaque élève une petite chaîne ou le maillon d'une chaîne. Lorsque l'élève a besoin d'aide, il pourrait la mettre sur le coin de son pupitre.

À LA FIN DE L'ANNÉE

Donnez une maille de chaîne à chaque élève et discutez avec eux des utilités de ce maillon. À quoi leur servira-t-il maintenant ? Les aidera-t-il à s'accrocher à une nouvelle chaîne (un nouveau groupe) pendant l'été ? Comment vont-ils l'entretenir ?

Le mobile

L'activité du mobile cherche à conscientiser les jeunes au rôle actif qu'ils ont à jouer en classe, à l'école et en société, et ce, en illustrant le fait que les membres d'un groupe sont toujours interdépendants. L'équilibre ne tient souvent qu'à un fil !

AU DÉBUT DE L'ANNÉE

Fabriquez avec les élèves un mobile qui comprend autant d'éléments que d'enfants dans la classe. Chaque élève contribue à cette œuvre en confectionnant un symbole qui le représente. Ce peut être un objet, un bonhomme comique, un animal, etc.

Attachez toutes les composantes du mobile de façon à atteindre l'équilibre. La stabilité du mobile dépend de la contribution de tous les éléments qui le constituent. Établissez un lien entre cette harmonie et celle de la classe. Faites remarquer aux enfants que la collaboration de chacun est considérée dans un ensemble. Il suffit qu'un seul élève bouge pendant que le professeur explique une notion pour que l'attention de tous les enfants soit influencée, détournée.

Cette image globale et métaphorique du mobile rend le concept de l'équilibre très clair pour les enfants. Fascinés par les mobiles, ils voient que tous les éléments ont un rôle, une position spécifique et une influence sur l'ensemble du groupe. Ils comprennent que leurs agissements peuvent favoriser une meilleure cohésion, mais également générer un déséquilibre total. Évidemment, cette explication est mieux comprise lorsque vous soufflez doucement sur un seul élément du mobile achevé et que l'ensemble balance. Vous verrez, un mobile vaut mille mots !

PENDANT L'ANNÉE

- Invitez les élèves à discuter de la métaphore du mobile et à l'étendre à l'ensemble de l'école. Comment chaque individu pourrait-il contribuer à la création de l'harmonie ?

- Établissez des règles de vie en vous basant sur le modèle d'équilibre offert par le mobile. Par exemple :

  > *Ne laissez pas un élève jouer seul.*
  > *Aidez un jeune qui a de la difficulté à s'habiller avant la récréation ou pour arriver à temps à l'autobus.*
  > *Ne vous moquez pas des faiblesses des autres. Apprenez plutôt à rire des vôtres !*
  > *Ne ruminez pas seul votre chagrin. Partagez-le avec un ami.*
  > *Si l'attitude d'un élève vous déplaît, dites-le-lui poliment.*
  > *Ne détournez pas l'attention des élèves qui écoutent le professeur. Concentrez-vous !*

- Étendez cette notion au-delà de l'école. Les influences, les déséquilibres du mobile peuvent être provoqués par des éléments extérieurs. Ainsi, en classe ou à l'école, si le cousin d'un élève est malade, si le meilleur ami du père d'un enfant a gagné un prix, si le grand-père d'un autre a eu un accident, ces facteurs extérieurs influencent l'ensemble des pièces du mobile, soit les enfants. Pourquoi ? Discutez-en avec eux.

- Demandez-leur de faire une recherche sur l'ensemble des êtres vivants : les humains, les animaux, les plantes, les insectes, etc. Ces éléments forment un ensemble parce qu'ils sont reliés.

- Servez-vous du mobile comme prétexte à une recherche sur l'équilibre écologique de la planète. Vous sensibilisez ainsi les enfants au recyclage, à la protection des ressources naturelles, à la préservation de l'eau, etc. Montrez comment certains gestes sont nécessaires pour préserver l'équilibre de la planète.

Le bloc-notes

Notre corps et l'eau

L'eau est essentielle à notre équilibre et à notre santé. Quand on pense que le corps d'un adulte est constitué de 60 % d'eau et que celui d'un bébé en comprend 75 %, il est évident qu'elle constitue une pièce importante de notre mobile !

Pourquoi avons-nous besoin d'eau pour vivre ? Parce qu'elle entre dans la composition des tissus et des organes, elle permet le transport des nutriments, des minéraux, des vitamines et contribue à l'élimination des déchets. Sans elle, nous nous déshydraterions. Nos réserves en eau étant habituellement faibles, il est donc bon de boire... avant d'avoir soif !

Si toute l'eau de la Terre était polluée, comment notre corps comblerait-il ce manque ? Il en serait incapable. Pensez-y et travaillez à la promotion de nos ressources naturelles !

À LA FIN DE L'ANNÉE

Demandez aux enfants de fabriquer leur propre mobile. Il doit comprendre des images représentatives des éléments fondamentaux de leur vie : leur santé, leurs amis, leur vie scolaire, leurs loisirs, etc. Ces différentes composantes doivent contribuer au maintien de leur équilibre. Rappelez-leur l'importance d'investir l'énergie nécessaire dans ces différents domaines. Ils pourront conserver ce mobile en guise de rappel et l'utiliser pour expliquer à leurs parents l'interdépendance des éléments qui forment leur « ensemble », c'est-à-dire leur vie.

L'histoire continue…

Ce projet amène les enfants à créer l'histoire de leur école. Cela leur permettra de réaliser tous les bons coups et les événements positifs qui y sont vécus ! L'école étant un milieu social où l'enfant passe une grande partie de sa vie, il serait intéressant qu'il puisse découvrir tous les beaux moments qui se vivent dans chacune des classes ; cela lui donnera certainement le goût d'y venir chaque jour, en plus de dissiper de probables insécurités quant à ce qui se passe dans les autres classes ou à des niveaux supérieurs.

AU DÉBUT DE L'ANNÉE

Lors de la première journée, invitez les élèves des différents niveaux à écrire l'histoire d'un événement ou d'un moment important qui s'est produit dans leur classe ou dans la cour de récréation durant la journée.

Le deuxième jour, les enseignants lisent l'histoire composée à leurs propres élèves et à partir de ce moment s'amorce un projet pour l'année. Vous pouvez également aller porter ce texte aux élèves d'une autre classe afin qu'ils en prennent connaissance.

PENDANT L'ANNÉE

- Fixez un moment bien précis dans votre agenda : une fois par mois, invitez les élèves à composer une histoire qui relate leurs bons coups, leurs anecdotes, leurs activités spéciales, etc. Ces récits devront faire état de ce qui aura été vécu le mois précédent, dans votre classe. Faites circuler ces manuscrits dans toutes les classes. Lisez les histoires des autres, ou invitez les élèves à aller lire leurs textes dans d'autres classes. Vous pourriez également aller lire dans la classe d'un de vos collègues, et vice-versa (voici une chance unique de connaître les enseignants des autres cycles). Notez le sentiment d'appartenance qui se développe ainsi au fil des jours chez chacun des élèves, car leurs « bons coups », on en parle…

À LA FIN DE L'ANNÉE

Offrez un livre qui contient toute l'histoire de votre classe à chacun de vos élèves. Lisez cette histoire avec eux une dernière fois, au complet. Demandez-leur d'être attentifs et de visualiser ces beaux moments, comme s'ils regardaient un DVD intitulé *Ma classe, de septembre à juin.*

D'ailleurs, ce titre pourrait se retrouver en page couverture de votre livre **(voir fiche 45-a en annexe)**, accompagné du nom de l'école, du nom de l'enseignant et de l'année. À la dernière page, faites signer chacun de vos élèves et apposez votre propre signature pour officialiser le tout.

L'histoire de toutes les classes pourra être réunie afin de créer un livre collectif, *L'histoire de mes 425 amis.* Le produit final pourra se retrouver à la bibliothèque de chacune des classes, à la bibliothèque scolaire et à celle de la communauté afin de « rayonner » longtemps dans son milieu !

Offrez une copie imprimée de ce livre à chacun des élèves ! Incitez les enfants à amasser des fonds pour réaliser ce projet avec la collaboration d'un imprimeur local. Vous pourriez par exemple effectuer une cueillette de cannettes vides. Ce moyen peu coûteux et très rentable peut s'échelonner sur une partie de l'année et peut aisément bénéficier de la collaboration des parents. Chaque enfant devrait alors amasser un montant suffisant pour couvrir les frais d'impression de son exemplaire de ce beau grand livre.

Le téléphon

Il arrive de plus en plus fréquemment que les enfants vivent de la solitude. Ils sont seuls, ils se sentent mal, et certains d'entre eux en arrivent même à envisager le suicide. Afin d'éviter que le pire n'arrive et de favoriser le mieux-être de nos jeunes, il est important de leur apprendre à partager leurs états d'âme et de leur faire comprendre qu'il existe une solution pour chaque problème. Il s'agit d'abord de demander de l'aide, de s'informer adéquatement; bref, de composer le « bon numéro ».

AU DÉBUT DE L'ANNÉE

Dès la première journée de classe, attribuez un numéro de téléphone à chacun de vos élèves. Expliquez-leur qu'ils conserveront ce numéro pendant toute l'année scolaire. Leur numéro correspondra à la forme suivante : 1 800 PRÉNOM, chacune des lettres du prénom correspondant alors au chiffre du cadran de téléphone. Par exemple, 1 800 Rose deviendra 1 800 7673. Invitez les enfants à inscrire tous les noms de leurs camarades de classe et leurs numéros de téléphone dans un carnet personnel de leur confection.

Lors de la première journée de classe, appelez chacun de vos élèves en composant, à voix haute, leur numéro personnel. Prenez alors quelques minutes pour jaser avec eux de leurs vacances, de leurs passions, de leurs loisirs et de leurs attentes. Chacun aura la chance de s'exprimer, et on l'écoutera. Un premier contact sera établi avec le groupe.

De temps à autre, composez volontairement un faux numéro. Comme il ne correspondra à personne, vous n'aurez pas de réponse. Par exemple, Rose ne répondra pas si vous composez le 1 800 7672. Il n'y aura alors ni réponse, ni échange, ni partage. Faites alors remarquer aux élèves que le fait de s'être ainsi trompé de numéro nécessite de composer de nouveau, c'est-à-dire de faire un deuxième essai pour espérer obtenir une réponse.

Tentez l'exercice suivant. Demandez à Julien de téléphoner à Daphnée… Il ne connaît pas son numéro ? Voilà la chance d'entrer en relation avec celle-ci en allant le lui demander. De la même manière, pour avoir de l'aide, il faut toujours faire les premiers pas… cela est un parallèle important et vous devez absolument placer l'accent sur la similitude entre cette situation et celle qui arrive lorsqu'on cherche à obtenir de l'aide.

Les enfants devront obtenir le numéro de chacun des amis de la classe, incluant ceux qu'ils connaissent moins ou pas du tout. C'est ainsi qu'un premier contact se fera. Vous leur fournirez une liste de classe, et ils auront à découvrir les numéros. Les élèves auront ainsi la chance de connaître rapidement les noms de leurs pairs et de créer de nouvelles amitiés.

Placez sur le mur, à la suite de cette première activité, un grand téléphone en carton, sur lequel il sera inscrit : « Allô, Allô, il y a quelqu'un ? »

PENDANT L'ANNÉE

- Lors d'une activité de bricolage, incitez chaque élève à fabriquer un petit téléphone en pâte à modeler ou en argile. Vous pourrez les exposer aux autres classes, et ensuite encourager chacun des élèves à conserver précieusement son téléphone tout au long de l'année afin de toujours se souvenir qu'il y a toujours un numéro à composer pour obtenir une oreille attentive, une écoute active, bref de l'aide ou du soutien.

- Invitez vos élèves à afficher leur numéro personnel devant leur pupitre lorsqu'ils souhaitent offrir de l'aide à leurs camarades. Par exemple, si Charlie inscrit 1 800 242-7543 devant son pupitre, c'est qu'elle devient disponible aux autres.

- Pour permettre aux enfants de se confier, planifiez chaque semaine une période qui consistera en un temps d'arrêt, le tout afin de permettre aux élèves de jaser, tout simplement. Les élèves ayant affiché leur numéro seront disponibles aux autres. Cela signifiera qu'ils veulent être une oreille, un ami ou tout simplement un coéquipier pour jouer à la récréation. N'intervenez pas dans les conversations entre élèves ; permettez-leur plutôt de profiter de ce moment bien à eux. Cependant, assurez-vous de demeurer disponible pour ceux ou celles qui auraient besoin de se confier à vous.

- À l'aide du modèle proposé **(voir fiche 46-a en annexe)**, invitez les élèves à se fabriquer un carnet de type « cardex », comprenant plusieurs sections. Par exemple, un peu comme le 611 de notre véritable annuaire téléphonique, utilisé en cas de bris ou de problème technique, la section 611 donnerait accès à une banque de solutions adaptées à différents problèmes. Ces solutions seront trouvées avec les élèves lors d'échanges en grand groupe. Voici diverses situations à envisager pour compléter cette liste de numéros.

  > *Un élève se dit toujours fatigué…*
  > *Un élève est souvent en retard, parce que personne n'est là le matin pour lui…*
  > *Un élève vit difficilement la séparation de ses parents…*
  > *Un élève pleure sa grand-mère décédée…*
  > *Un élève a perdu son chien, son hamster…*
  > *Un élève n'aime pas venir à l'école…*

  Laissez les enfants trouver des solutions aux situations présentées, notez-les (ou demandez aux plus petits de les dessiner) dans leur « cardex de solutions », à consulter en cas de nécessité. Celui-ci deviendra une référence utile en tout temps pour répondre à divers besoins personnels. Il sera augmenté chaque fois que vous proposerez une activité de partage de problèmes et de solutions. Donc, étant donné que les problèmes de l'un sont très souvent les problèmes de l'autre, ils auront entendu, solutionné et noté l'information dans leur carnet qui deviendra l'outil de référence quand, à leur tour, ils se trouveront avec un problème semblable.

  Dans une deuxième section, on placera les ressources 911, c'est-à-dire une banque de conseils à suivre en cas d'urgence. Expliquez aux élèves qu'il faut parfois intervenir dans certaines situations : si un élève reçoit une confidence où la vie d'un ami est en danger ; si quelqu'un entend parler d'une situation d'abus verbal, physique ou sexuel ; lorsqu'un élève entend une confidence où il est question d'un vol ou de vandalisme, etc. Il est alors primordial de connaître de bonnes manières d'intervenir. Fournissez-leur des numéros de téléphone importants comme celui du CLSC de votre localité, celui de *Tel-Aide*, celui du *Centre d'écoute et de prévention du suicide*, celui du service de police municipal, etc.

La troisième section du cardex sera celle du 411, qui comprendra des informations utiles à leur cheminement scolaire, comme pourrait l'être « Allô Prof ! », de même que le vrai numéro de téléphone de quelques amis.

> **Allô Prof !**
> *Région de Montréal : 514 527-3726*
> *Région de Québec : 418 521-6284*
> *Extérieur : 1 888 776-4455*
> *www.alloprof.qc.ca*

Un autre type d'information qu'il pourrait être utile de joindre à cette section concerne ceux qui sont nouveaux à l'école, qu'il s'agisse d'informations relatives au circuit piétonnier pour se rendre à l'école de façon sécuritaire, au service de garde ou encore aux programmes offerts dans différents établissements secondaires, au service de transport, aux dates d'examens d'admission, etc.

Proposez chaque fois aux élèves de faire eux-mêmes les démarches pour obtenir des réponses qu'ils noteront dans leur « cardex » personnel.

- Vous pourrez leur proposer d'inviter, dans la classe, des gens compétents dans un domaine précis afin de donner des trucs et des informations pratiques à tout le groupe (par exemple, il pourrait être utile de rencontrer le directeur-adjoint d'une école secondaire pour répondre aux questions de l'ensemble du groupe).

- Vous pouvez demander à vos élèves de faire une recherche sur Alexander Graham Bell. Qui est-il ? Quelle est son invention ?

- Surprenez vos élèves en leur remettant les paroles de la chanson *Le téléphon* de Nino Ferrer **(voir fiche 46-b en annexe)**. Une bonne idée serait d'en préparer une version très théâtrale et de la présenter aux autres groupes !

- Demandez aux élèves de confectionner un bottin d'aide, c'est-à-dire un carnet de numéros de téléphone dans lequel ils trouveront les numéros des personnes à contacter s'ils ont besoin d'aide à l'extérieur des heures de classe, que ce soit pour faire leurs devoirs ou pour se confier. Ce carnet devra contenir les noms et les véritables numéros de téléphone de chacun des élèves de la classe (que vous leur aurez communiqués après avoir obtenu l'autorisation des parents). Pour les enfants en garde partagée, il est important d'indiquer les deux numéros où ils peuvent

Le bloc-notes

Le téléphon

Bernadette, elle est très chouette
Et sa cousine, elle est divine
Mais son cousin, il est malsain
Je dirais même que c'est un bon à rien.

Noémie est très jolie
Moins que Zoé, mais plus que Nathalie
Anatole il est frivole
Monsieur Gaston s'occupe du téléphon

Gaston y a l'téléphon qui son'
Et y a jamais person qui y répond
Gaston y a l'téléphon qui son'
Et y a jamais person qui y répond

Marie-Louise, elle est exquise
Marie-Thérèse, elle est obèse
Marie-Berthe, elle est experte
Par l'entreprise de sa tante Artémise.

Édouard fume le cigare
Et Léonard porte une barbe noire
Léontine fait la cuisine
Monsieur Gaston s'occupe du téléphon.

Gaston y a l'téléphon qui son
Et y a jamais personne person qui y répond
Gaston y a l'téléphon qui son'
Et y a jamais personne person qui y répond

Non, non, non, non, non, non, non, non,
Gaston l'téléphon qui son'
P't-être bien qu'c'est important !

Paroles et musique : Nino Ferrer, Barclay

être joints. Les enfants pourront également y ajouter les noms et numéros de gens en qui ils ont confiance, comme leurs grands-parents, la gardienne, leur parrain, une voisine, un grand cousin ou une cousine. Comme les élèves se font de nouveaux amis tout au long de l'année, vous leur fixerez comme objectif de rajouter un nom par mois à leur bottin. Si vous le souhaitez, vous pourriez leur permettre d'y inscrire votre propre numéro ; c'est rassurant pour un élève de savoir qu'il peut compter sur vous pour un conseil.

À LA FIN DE L'ANNÉE

Demandez aux élèves d'ajouter trois nouveaux noms à leur carnet, des personnes avec qui ils aimeraient échanger pendant l'été, qui viennent des autres classes, qu'ils ont connues au service de garde, à la cafétéria ou lors des activités parascolaires et avec lesquelles ils se sentent bien.

Concluez l'année en partageant un gâteau en forme de téléphone sur lequel il sera inscrit : « Le téléphone, c'est l'fun ! »

Crier au loup

L'objectif ici est de faire réaliser aux enfants que la vérité finit toujours par se savoir et qu'il faut assumer ses gestes. Mentir n'apporte rien de bon. Le mensonge est un fardeau de plus à porter et lorsque la vérité est dévoilée, les conséquences sont souvent plus grandes que si on avait dit la vérité dès le départ.

AU DÉBUT DE L'ANNÉE

Présentez aux élèves le texte suivant :

À trop crier au loup, on en voit le museau. Un enfant bâillait comme un pou tout en gardant son troupeau. Il décide de s'amuser. « Au loup ! hurle-t-il. Au loup ! Vos troupeaux sont en grand danger ! » Et il crie si fort qu'il s'enroue. Pour chasser l'animal maudit, les villageois courent, ventre à terre, trouvent les moutons bien en vie, et le loup, ma foi, imaginaire. Le lendemain, même refrain. Les villageois y croient encore.

Le troisième jour, un vrai loup vint et c'était un fin carnivore. « Au loup ! cria l'enfant. Un loup attaque vos troupeaux !

– Ah ! Le petit impertinent ! Mais il nous prend pour des nigauds ! » s'écrièrent les villageois.

Le loup fit un festin de roi.

Demandez aux élèves ce qu'ils ont compris de l'histoire. Animez une discussion à l'aide des questions suivantes. « Que s'amusait à faire le jeune garçon ? Comment ont réagi les gens du village ? L'ont-ils cru lorsqu'il fallait le croire ? Pourquoi ? Que doit-on retenir de cette histoire ? » Placez les enfants en équipes d'au moins six élèves. Proposez-leur de confectionner des marionnettes avec les modèles photocopiés des personnages de l'histoire que vous collerez sur des bâtons de Popsicles **(voir fiche 47-a en annexe)**. Dans chaque équipe, il y aura un loup, un garçon, au moins deux moutons et au moins deux villageois. Une fois les marionnettes confectionnées, invitez les élèves à venir présenter l'histoire en se servant des marionnettes qu'ils auront fabriquées.

PENDANT L'ANNÉE

- Il serait probablement trop embarrassant pour les enfants de dévoiler des mensonges qu'ils ont déjà dits, mais il leur sera plus facile de donner les raisons pour lesquelles ils ont agi ainsi. Notez sur une affiche les raisons qui amènent quelqu'un à mentir. Demandez-leur ensuite de vous dire les conséquences subies après avoir menti. Comment les gens ont-ils réagi ?

  Questionnez-les aussi sur les raisons qui les ont amenés à dire la vérité dans certaines situations et quelles ont été alors les conséquences. Est-il plus avantageux de mentir ou de dire la vérité ?

- Presque tous les enfants connaissent Pinocchio. Lisez-leur l'histoire ou visionnez avec eux le film produit par Disney. En vous appuyant sur l'histoire de Pinocchio, effectuez un retour sur le mensonge et ses conséquences.

- Question de vous amuser un peu, jouez avec vos élèves au détecteur de mensonges. Un élève donne trois affirmations. Par exemple : « Je suis allé à la pêche avec mon père en fin de semaine, j'ai un chien brun et j'ai trois cousins et une cousine. » Les autres élèves doivent poser des questions afin de découvrir laquelle de ces affirmations est fausse.

- Plusieurs métiers nécessitent d'être en mesure de savoir si une personne ment ou dit la vérité. Invitez les élèves à découvrir certains de ces métiers : juge, avocat, policier, enquêteur… Ces gens utilisent des moyens pour détecter si la personne ment ou non. Le corps nous trahit souvent. On fait ici référence à la synergologie. Il serait intéressant pour les élèves de découvrir de quelle façon leur corps les trahit lorsqu'ils mentent.

- Avec vos élèves, composez une pièce qui aborde le thème du mensonge et de ses conséquences, et ce, en vous basant sur des situations vécues par les élèves. Distribuez les rôles et préparez un spectacle qui pourra être présenté aux élèves de l'école.

À LA FIN DE L'ANNÉE

Gonflez des ballons et accrochez-les sur une corde ou collez-les au tableau de la classe. Lorsque vous gonflez les ballons, demandez aux enfants de s'imaginer qu'ils soufflent un mensonge à l'intérieur du ballon. Afin d'inviter les enfants à faire éclater la vérité, on leur demande de crever chacun un ballon. Pour que ce soit encore plus palpitant, glissez des confettis à l'intérieur des ballons avant de les gonfler. Les confettis voleront dans tous les sens lorsque le ballon éclatera et cela représentera le bon côté de la vérité.

Ensuite, remettez-leur un carton par lequel chaque élève s'engage à faire éclater la vérité et à être honnête. **(Voir fiche 47-b en annexe.)**

Les dés de la réussite

Cette activité cherche à illustrer le plaisir et certaines règles associées aux jeux de dés et à offrir une façon tangible aux enseignants de miser sur la possibilité de se reprendre. Plusieurs élèves en cours d'année se découragent parce que, à la première ou à la deuxième étape, ils n'ont pas obtenu les résultats qu'ils désiraient. Cette métaphore précise permet de lier le jeu au plaisir d'essayer à nouveau.

AU DÉBUT DE L'ANNÉE

Les jeux de dés sont souvent appréciés chez les jeunes. Par exemple, le yum est un jeu que plusieurs connaissent. Il consiste à brasser cinq dés afin d'obtenir le score le plus élevé grâce à certaines combinaisons. Chaque joueur a trois chances. Si vous possédez un tel jeu, invitez les jeunes à jouer quelques parties, en équipe de deux ou de trois enfants, pour les mettre en contact avec le plaisir associé à ce jeu, tout en leur permettant de rencontrer de nouveaux amis et de se familiariser avec les règles du jeu. Changez régulièrement les équipes pour vous assurer que tous aient la chance de rencontrer de nouvelles personnes.

Cependant, apportez un changement au règlement. Ainsi, au lieu d'avoir droit à trois chances, indiquez aux enfants qu'ils pourront utiliser jusqu'à 10 chances pour atteindre la combinaison désirée. Les jeunes comprendront alors qu'en réessayant, leurs chances d'augmenter leur pointage deviennent beaucoup plus élevées. Demandez ensuite aux jeunes si certains ont profité de la huitième, neuvième et même dixième chance pour améliorer leur score significativement. Également, combien ont été soulagés de parvenir à leur objectif en une, deux ou trois chances seulement ? De même, il est toujours plus satisfaisant de faire les efforts nécessaires, le plus rapidement possible, pour atteindre nos buts. Par contre, si pour toutes sortes de raisons nous n'y parvenons pas, il est possible de réessayer et, jusqu'à la fin, nous pourrons ressentir le plaisir d'être arrivés à nos fins.

Établissez un lien entre les différentes matières scolaires de base à parcourir durant l'année et les jeux de dés ; c'est-à-dire que, notamment, même si l'élève n'obtient pas le résultat souhaité du premier coup, il peut toujours se reprendre. Indiquez-leur qu'il en va de même pour les comportements relationnels et disciplinaires. Sur le plan de la discipline personnelle par exemple, il faut réunir plusieurs éléments tels que la concentration, l'organisation de son horaire, l'application dans tous ses travaux, etc. Les élèves savent que le fait de développer des qualités personnelles peut être difficile et demander de la persévérance, mais cela vaut également plus de points !

Demandez aux enfants de confectionner un dé **(voir fiche 48-a en annexe)**. Avant de l'assembler, ils devront dresser la liste de trois qualités à développer et de trois objectifs à atteindre pendant l'année et les inscrire sur chacune des faces intérieures du dé. Insistez sur le fait que les enfants peuvent se reprendre autant de fois qu'ils le souhaitent pour atteindre leurs objectifs, que la persévérance est une denrée renouvelable et illimitée. Aux dés, ils ont seulement trois chances mais, à l'école, le nombre de chances est plus élevé. Ils peuvent toujours s'améliorer. À chaque effort qu'ils réalisent, c'est comme s'ils avaient une nouvelle chance d'atteindre leur objectif.

PENDANT L'ANNÉE

- Prévoyez, au moins à deux reprises durant l'année, des périodes pour jouer aux dés. Elles servent de renforcement à ce qui s'est passé en début d'année et à ce que vous leur communiquez tout au long de l'année à partir de cette métaphore.
- En cours d'année, promenez-vous régulièrement avec des dés dans les mains, sans nécessairement expliquer pourquoi, simplement pour offrir un rappel mnésique à la métaphore implantée en début d'année.
- Dès qu'un élève agit de manière inappropriée et que tout le monde en est témoin, l'enseignant pourra préserver l'honneur du jeune en expliquant qu'il a été dit en début d'année que les sphères de sa vie les plus difficiles à contrôler sont celles ayant trait à l'attitude et aux comportements avec les autres. Heureusement, nous avons tous la chance de nous reprendre pour améliorer nos faiblesses et, pour certains, cela exige plus de chances que pour d'autres.

À LA FIN DE L'ANNÉE

Demandez aux élèves de partager avec leurs amis les différentes catégories sur lesquelles ils ont travaillé au cours de l'année et dont ils sont fiers. Comment s'y sont-ils pris pour améliorer leurs résultats dans ces différents départements ? Le but est que l'élève s'approprie, en fin d'année, les stratégies qu'il a développées pour atteindre ses objectifs. Voyez cela comme une possibilité de tirer une conclusion, de faire un bilan global et de vraiment s'approprier ses nouvelles forces, ses nouvelles stratégies. Vous pourriez également offrir un dé à chaque élève et l'accompagner d'une carte **(voir fiche 48-b en annexe)** dans laquelle vous inscrirez un message comme : « Tu peux toujours essayer à nouveau ! » Invitez également les enfants à faire la liste de leurs objectifs pour l'été et à l'écrire au verso de la carte.

Partir du bon pied

Les enfants ont tout ce dont ils ont besoin pour cheminer et pour avancer dans la vie. Mais en sont-ils conscients ? Le but de cette activité et de le leur faire réaliser.

AU DÉBUT DE L'ANNÉE

Pour la toute première journée d'école, procurez-vous une grande quantité de sable, que vous étendrez par terre à l'entrée de la classe (sur un grand plastique ou directement sur le plancher). Si vous préférez, vous pouvez aussi remplir de sable de grands bacs de rangement peu profonds, que vous placerez tout juste à l'entrée de la salle de classe. Les enfants et vous-même devrez absolument enlever vos souliers à l'extérieur du local. Invitez-les alors à entrer doucement dans la classe en marchant dans le sable fin. Cette mise en scène leur rappellera sans doute la plage, la mer et les vacances. Incitez vos élèves à prendre le temps de bien ressentir le bien-être et le plaisir que leur apportent ces douces images… On commence l'année du bon pied !

Pendant la même journée, demandez à vos élèves d'enlever de nouveau leurs chaussures et de les placer, pêle-mêle, au milieu de la classe. Fournissez-leur des feuilles de papier construction de couleurs différentes et invitez-les à tracer un de leurs pieds. Ils devront ensuite le personnaliser, le découper et l'afficher au mur sous une banderole sur laquelle il sera inscrit : « Nous partons du bon pied. »

Ensuite, chronomètre à la main, incitez-les à se rechausser le plus rapidement possible. Chez les petits, vous en profiterez pour distinguer la gauche et la droite de la chaussure en traçant deux petits visages souriants qui se feront face sur l'intérieur du pied du soulier. Chez les plus grands, un clin d'œil sera fait à l'importance de bien attacher ses souliers, afin de ne jamais trébucher. Notez le temps qu'il aura fallu pour que tous soient chaussés. Vous répéterez cette activité à différents moments dans l'année. Le défi sera d'améliorer le temps requis pour se chausser : tentez d'établir un record !

Les activités qui précèdent, en mettant l'accent à la fois sur l'aspect visuel (par le dessin) et kinesthésique (entre autres grâce à la sensation du sable sous les pieds), permettront de créer un ancrage puissant qui renforcera considérablement la compréhension et l'intégration de l'expression « Partir du bon pied ».

Discutez ensuite de ce que signifie l'expression « Partir du bon pied » et parlez avec eux de l'attitude qu'ils doivent emprunter pour amorcer la nouvelle année scolaire de manière positive, en étant « bien chaussés » pour entreprendre ce marathon. Demandez-leur s'ils sont prêts à faire tous les pas qui les amèneront au but visé. Ont-ils envie de faire les efforts nécessaires pour cheminer ? Sensibilisez-les par la même occasion au fait qu'ils possèdent bien les souliers (c'est-à-dire les ressources et les compétences) dont ils ont besoin pour parcourir la route qui mène au succès scolaire.

Réfléchissez ensemble au privilège que représente l'éducation et au fait que tous les enfants du monde n'ont pas nécessairement la chance d'avoir accès à l'école aussi facilement et de bénéficier d'un aussi bon « départ » dans la vie. Présentez les livres *Sur le chemin de l'école*[1] et *Enfances Geo*[2] pour alimenter la discussion sur ce sujet.

PENDANT L'ANNÉE

- Aidez vos élèves à fabriquer un cadeau bien spécial pour quelqu'un de significatif dans leur vie : après avoir fait une empreinte d'un de leurs pieds dans la gouache, fournissez-leur le matériel nécessaire afin qu'ils puissent l'encadrer et l'offrir à quelqu'un de spécial à leurs yeux. Invitez-les à accompagner leur chef-d'œuvre d'un message de reconnaissance commençant par : « Merci de m'avoir donné un bon départ… »

- Chaque fois que l'élève sera fier de son accomplissement quotidien, il collera sur son bureau une petite empreinte de pied **(voir fiche 49-a en annexe)** sur laquelle il écrira la date, un mot-clé qui reflète le domaine dans lequel il se sera particulièrement illustré et un commentaire positif de son cru. Le travail en classe, l'attitude, le comportement, l'effort et la persévérance sont autant de domaines dans lesquels il pourra choisir de s'évaluer. Ainsi, les empreintes s'accumuleront au fil du temps et constitueront autant de rappels des raisons que l'enfant a d'être fier de lui !

- Inventez un rituel matinal pour inciter les enfants à commencer leur journée du bon pied. Par exemple, ils pourraient aller dire bonjour à trois ou quatre élèves de la classe afin de leur souhaiter une bonne journée, les inviter à s'appliquer particulièrement dans leurs travaux et les encourager à afficher leur plus beau sourire pour amorcer une journée joyeuse. Ce pourrait aussi être un rituel que VOUS adopterez chaque matin, en transmettant des vœux particuliers à vos élèves et en partageant deux ou trois commentaires positifs sur les accomplissements communs du groupe, ou simplement en leur faisant part d'une bonne nouvelle en annonçant une activité récompense ou un projet spécial.

- Participez avec votre école à la Marche Terry Fox ou à une autre marche organisée en faveur d'une cause humanitaire. Insistez sur la nécessité de faire preuve de persévérance, d'entraide et de collaboration lorsqu'on veut atteindre un but commun.

  > *En 1980, Terry Fox a couru un marathon par jour pendant 143 jours consécutifs pour amasser des fonds pour la recherche sur le cancer. Depuis lors, plusieurs le considèrent comme un grand héros national.*
  >
  > *En 2004, plus de 4 800 écoles canadiennes ont tenu une Journée Terry Fox pour la recherche sur le cancer, soit une école sur trois. Plus d'un million d'élèves canadiens ont marché, couru ou roulé lors de cette journée*[3].

- Amenez les élèves à prendre conscience de l'importance de leurs pieds. Ceux-ci étant leur soutien, il faut en prendre soin ; il faut porter une attention particulière à leur hygiène et les dorloter le soir venu. Invitez un podiatre ou un spécialiste des pédicures à venir en discuter avec les enfants.

- Plusieurs civilisations millénaires (surtout au Pérou, en Chine et en Égypte) ont considéré que nos pieds pouvaient nous guérir, nous permettre de vivre plus sainement et plus sereinement, et ce, grâce à une science (qui est aussi un art) qu'elles ont développée : la réflexologie, une thérapie manuelle pratiquée sur des zones réflexes représentant les organes et des parties du corps humain.

[1] BOUIN, Anne. *Sur le chemin de l'école*, Toulouse, Éditions Milan, 128 p.
[2] GOUVION, Colette. *Enfances Geo*, Paris, Solar, 222 p.
[3] Source : Journée Terry Fox des écoles (www.journeeterryfox.org).

Découvrez cette science hors du commun avec vos élèves[4]. Invitez une personne qui pratique la réflexologie et découvrez avec les enfants les points de réflexologie et les manières de stimuler ces points lorsque survient un malaise qui nous empêche d'être à notre maximum. En équipe de deux, les élèves devront ensuite se faire des massages de pieds : encouragez-les à se centrer sur le plaisir et le bien-être que cela leur procure.

- Invitez des gens qui pratiquent le karaté, la danse, la planche à neige ou la planche à roulettes afin qu'ils expliquent aux élèves l'importance de faire les bons pas, de bien placer les pieds afin de réussir. Demandez aux invités de prévoir des exercices à réaliser avec les élèves, chacun dans son domaine.

- Faites le lien avec l'expression « Partir du bon pied » et l'importance de développer certaines routines et façons de faire qui nous permettent d'obtenir de meilleurs résultats. Par exemple, vous pourriez discuter de la nécessité de bien déjeuner le matin, de s'assurer d'avoir tout son matériel avant de se rendre à l'école, de bien écouter les consignes, de se mettre à la tâche dès que le professeur le demande, d'être gentil avec les autres, d'utiliser abondamment les formules « Merci » et « S'il vous plaît », etc.

- Présentez des locutions avec le mot « pied » (nous vous en suggérons plusieurs ci-dessous). Proposez aux enfants d'écrire un texte réunissant certaines de ces expressions ou, mieux encore, de faire un jeu-questionnaire où s'affronteraient des équipes de deux ou trois élèves. Cela permettra du même coup d'augmenter le sentiment de cohésion entre coéquipiers et d'ajouter une dose de plaisir au travail effectué en classe.

- Locutions à découvrir avec le mot « pied » :

  > *À pied sec / Sans se mouiller.*
  > *À pieds joints / Les pieds réunis.*
  > *Attendre quelqu'un de pied ferme / Attendre avec détermination, avec colère.*
  > *Au pied de la lettre / Littéralement.*
  > *Au pied levé / Sans préparation.*
  > *Avoir bon pied, bon œil / Être encore agile, en forme (malgré l'âge).*
  > *Avoir les deux pieds dans la même bottine / Manquer de débrouillardise, être maladroit.*
  > *Avoir pieds et poings liés / Être réduit à l'impuissance.*
  > *Comme un pied / Très mal.*
  > *Des pieds à la tête, de la tête aux pieds / Complètement.*
  > *Marcher sur les pieds de quelqu'un / Chercher à l'évincer.*
  > *Mettre à pied / Licencier.*
  > *Mettre les pieds dans le plat / Se tromper ou faire une gaffe.*
  > *Y mettre les pieds / Y aller (dans un lieu).*
  > *Mettre quelqu'un au pied du mur / Le forcer à agir, à se décider.*
  > *Mettre sur pied / Organiser.*
  > *Perdre pied / Perdre l'équilibre.*
  > *Perdre pied (figuré) / Être dans une situation difficile.*
  > *Faire un pied de nez / Faire une grimace.*
  > *Se remettre sur pied / Guérir, retrouver la forme.*
  > *Se jeter aux pieds de quelqu'un / Le supplier, l'implorer.*
  > *Se lever du pied gauche / Être de mauvaise humeur.*
  > *Être sur pied / Être levé, être prêt.*
  > *Travailler d'arrache-pied / Travailler avec acharnement.*

- Voici une autre activité portant sur des expressions qui contiennent le mot « pied ». Il s'agit simplement d'associer chacune des définitions suivantes à la bonne expression [5].

A Escalader, c'est le pied.

B J'y vais pied à pied.

C Je relève le défi de pied ferme.

D Je suis sur le pied de guerre.

E Je ne veux pas perdre pied.

F Je pars à pied.

G Je vais leur faire un pied de nez.

H J'ai mis ce projet sur pied.

I Je ne veux pas échouer et passer le reste de ma vie à pleurer au pied du lit.

J Je rêve de finir ma vie sur un piédestal.

1 *C'est très agréable.*

2 *Organisé comme une armée en temps de guerre.*

3 *Perdre appui ou contenance.*

4 *En marchant.*

5 *Je leur fais un geste de moquerie que l'on fait en appuyant sur le bout du nez avec le pouce et en gardant la main ouverte, les doigts écartés.*

6 *À l'extrémité du…*

7 *Je l'ai organisé.*

8 *J'aimerais être admiré, considéré comme supérieur aux autres.*

9 *Pas à pas ou graduellement.*

10 *Sans reculer, avec l'intention de ne pas céder.*

Solution : A-1, B-9, C-10, D-2, E-3, F-4, G-5, H-7, I-6, J-8

- Préparez avec les élèves de petites pièces de théâtre portant sur le thème « Partir du bon pied » (tant au sens propre qu'au sens figuré) : ils pourraient alors travailler sur la randonnée pédestre, les pèlerinages, les marchetons, les Jeux olympiques ou l'hygiène des pieds, mais également sur les conditions gagnantes pour affronter certains défis, les routines garantes de succès scolaire ou tout autre sujet se rapportant au sens propre ou au sens figuré de l'expression. Créez avec eux des marionnettes à l'aide de toutes sortes de bas, de couleurs, de grandeurs et de textures différentes. Présentez ensuite ces œuvres aux autres groupes de l'école.

- Organisez, avec la collaboration de l'éducateur physique de l'école, des olympiades entre groupes du même cycle. Proposez certaines disciplines qui demandent de « partir du bon pied ». Par exemple, vous pourriez organiser des courses de 50 ou de 100 m, une course à relais ou une compétition de saut en hauteur. Revenez par la suite sur les résultats de la compétition pour mettre en évidence le fait que les gagnants sont littéralement partis du bon pied, et ce, tant sur les plans physique que psychologique. Cela signifie qu'ils sont partis en étant confiants et bien préparés mentalement pour affronter l'épreuve. Faites le parallèle avec toutes les épreuves et tous les apprentissages qui les attendent dans leur vie quotidienne.

- Proposez d'effectuer une recherche ayant pour titre : « Sur la piste de… » Avec les plus jeunes, cette recherche documentaire pourrait porter sur un animal de leur choix. Avec les élèves des cycles supérieurs, une bonne idée serait de suivre la piste de quelqu'un qui a inventé un moyen de transport, comme Joseph-Armand Bombardier, Henry Ford, Leonard De Vinci, Michelin, Denis Papin, Henry Taylor, James Watt, etc. Suivez-les à la trace et voyez quels sont les pas qu'ils ont posés pour cheminer dans la bonne voie !

- Vers la fin du mois de février, choisissez une date pour instaurer la « Journée des beaux lacets ». Incitez vos élèves à laver leurs espadrilles et à changer leurs lacets. Prévoyez aussi au calendrier la « Journée du bien-

[5] Source : L'escale (www.lescale.net/humain/pied.html).

être des pieds », journée spéciale où chacun invitera par écrit un ami de l'école à une séance de détente où les pieds seront dorlotés. Chacun devra prévoir un bac pour l'eau, une ou deux serviettes, un coupe-ongles, du vernis à ongles, etc. Si nécessaire, vous leur fournirez de la crème, de la pommade, de l'huile à massage et des huiles essentielles.

- Invitez quelqu'un de la communauté qui a réalisé un grand projet, en partant du bon pied, et demandez-lui de partager son expérience.

- Allez pique-niquer chez un élève qui habite à distance de marche de l'école. Vous aurez évidemment besoin de la collaboration des parents pour cette activité. Les élèves auront eu la chance d'apprendre tout au long de l'année les paroles de cette chanson **(voir fiche 49-b en annexe)** qu'ils chanteront chemin faisant **:**

> Le joyeux promeneur (Valderi)

Par les sentiers, sous le ciel bleu
J'aime à me promener
Le sac au dos, le cœur joyeux,
Je me mets à chanter :

Valderi, valdera, valderi,
Valdera, ha, ha, ha, ha,ha,
Valderi, valdera,
Je me mets à chanter

Et par les bois et par les champs
Tous les oiseaux jaseurs
Mêlant leurs voix, mêlant leurs chants
Entonnent tous en chœur

Tous les amis que je rencontre
Au hasard des chemins
À mon salut, bientôt répondent
Par le même refrain.

Et je serai au long des jours
Avec la même ardeur
Sous le soleil, errant toujours
Un joyeux promeneur.

À LA FIN DE L'ANNÉE

Lors de la toute dernière journée de l'année scolaire, préparez des plaques de plâtre de Paris dans lesquelles chacun fera des empreintes de ses pieds. Cela leur permettra d'immortaliser le véhicule qui les a conduits vers le succès ! Retracez leur parcours et soulignez les efforts qu'ils ont faits pour arriver au bout de ce trajet. Ces plaques seront également une occasion de constater la croissance de leurs pieds pendant la durée de l'année scolaire. Faites le parallèle avec leur croissance personnelle dans diverses sphères de leur vie. L'empreinte de leur pied deviendra alors le symbole de leurs acquis personnels et interpersonnels. Inscrivez sur chaque plaque la date du jour et offrez-les aux élèves pour qu'ils les gardent en souvenir de cette année.

Ne perds pas le nord

Ce projet constitue une manière de stimuler les élèves qui manquent de motivation à l'école. Il les amène à visualiser que le temps passe vite, que chaque jour représente un pas de plus dans leur cheminement scolaire, que tout cela peut être fort agréable et qu'il y a de nombreuses activités qui les attendent tout au long de ce voyage qu'est leur année scolaire.

AU DÉBUT DE L'ANNÉE

Accueillez les élèves déguisé en capitaine de bateau ou en explorateur, une boussole accrochée dans votre cou. Expliquez-leur qu'une année scolaire, c'est comme une très longue croisière autour du monde. Nous partons du port pour explorer de nouvelles contrées riches de découvertes et d'apprentissages, il se peut que nous rencontrions des tempêtes ou des obstacles, il est nécessaire de faire des escales et de se ravitailler de temps en temps, etc. Il est également important de bien déterminer où l'on veut mettre le cap et de s'y rendre en suivant le bon phare. Faites également ressortir les règles de sécurité à respecter lorsqu'on se trouve dans une embarcation. Indiquez alors que VOUS serez leur guide dans cette expédition et que vous êtes là pour assurer leur sécurité, mais également pour leur apprendre à acquérir l'autonomie nécessaire pour naviguer dans un état de bien-être tout au long du voyage.

Si vous avez des élèves qui sont déjà allés en bateau, laissez-les exprimer le plaisir que cela leur a procuré et demandez-leur de raconter les surprises qu'ils ont eues tout au long de la promenade.

Dessinez ou confectionnez avec eux un petit bateau de croisière qui représentera votre véhicule pour l'année **(voir fiche 50-a en annexe)**. Attribuez-lui le numéro de votre classe et baptisez-le en lui donnant un nom qui a une signification précise pour votre groupe.

Prenez une grande feuille de papier (ou plusieurs petites feuilles que vous disposerez l'une à côté de l'autre) et collez-la sur toute la longueur d'un des murs de votre classe. Divisez-la en 10 sections égales. Ces sections représentent les 10 mois que dure l'année scolaire. Inscrivez les noms des mois dans le haut de la feuille. Au début du mois de septembre, inscrivez la date de la rentrée. Expliquez aux enfants qu'il s'agit de votre point de départ. Collez-y votre bateau (il est important de le coller à l'aide d'une gomme bleue, facile à décoller et à recoller à volonté, car vous devrez le déplacer souvent).

Cette grande banderole représente la carte marine qui illustre votre itinéraire scolaire. À l'extrémité droite de celle-ci se trouvera le point d'arrivée, but ultime de la croisière : le dernier jour de l'année scolaire. Entre les deux, vous tracerez une ligne du temps qui illustre le trajet tout en courbes qu'empruntera votre bateau. Vous pouvez déjà y indiquer les dates importantes comme les vacances, les fêtes, les événements marquants, les examens, les remises de bulletin, etc., lesquels représentent autant d'escales et d'obstacles à franchir pour se rendre à bon port. Vos élèves auront ainsi une bonne idée du trajet à parcourir pour arriver à la fin du parcours, et donc pour réussir leur année.

Une bonne idée serait d'installer une lumière qui serait allumée en permanence au point d'arrivée. Celle-ci représenterait un phare qui serait toujours là, bien en vue, afin d'éviter de se perdre, de perdre le nord !

PENDANT L'ANNÉE

- Chaque semaine, faites avancer votre bateau pour illustrer le trajet parcouru. Ajoutez des dessins ou des mots qui rendent compte de ce qui s'est passé pendant la semaine, des icebergs qui montrent les obstacles franchis, etc. Insistez sur le fait que pour atteindre leurs objectifs, ils devront persévérer, s'investir tous les jours, se donner des objectifs clairs et surtout… suivre leur capitaine, c'est-à-dire vous !

- Proposez un autre type de croisière à vos élèves en leur demandant de faire une recherche sur un pays de leur choix, qu'il s'agisse d'un pays exotique ou d'un pays imaginaire ! Ils devront alors trouver (ou imaginer) la manière dont on désigne les habitants de ce pays et fournir le plus d'information possible sur le pays en question (langue parlée, spécialités gastronomiques, fêtes nationales, climat, principaux attraits touristiques, etc.).

- Désignez, chaque mois, des élèves qui devront organiser avec vous différentes activités parallèles à leur croisière. Voici quelques suggestions à cet effet.

> **Septembre**
> *Invitez un scout à venir expliquer l'utilisation de la boussole.*

> **Octobre**
> *Organisez une randonnée pédestre ou une promenade à vélo dans le quartier. Le trajet devra être illustré sur une carte pour éviter que quiconque ne se perde. Prévoyez une solution au cas où quelqu'un s'égarerait : il pourra aller frapper à la porte d'une maison qui participe au programme* Parents-Secours, *se rendre au dépanneur le plus près et y rester jusqu'à ce que quelqu'un revienne le chercher, etc.*

> **Novembre**
> *Proposez aux enfants de se mettre au service de leurs capitaines familiaux (leurs parents) ! Préparez avec eux la « collation des moussaillons », une compote de pommes cuite dans une mijoteuse offerte à leurs parents lors de la soirée de la remise du bulletin. Insistez sur l'importance de se ravitailler en cours de croisière et élargissez la réflexion sur l'importance de bien se nourrir pour parvenir à bon port dans tous leurs projets !*

> **Décembre**
> *Planifiez une activité de bricolage durant laquelle chacun créera une carte postale de Noël qui sera envoyée à quelqu'un de l'extérieur par courrier postal. Le message devra contenir de l'information sur la croisière vécue en classe.*

> **Janvier**
> *Organisez une exposition de photos de voyage en fouillant dans les albums personnels des élèves. L'exposition sera présentée à l'ensemble de l'école et de courts commentaires accompagneront chacune des photos. Discutez ensemble du plaisir de voyager.*

> Février

Invitez des élèves des autres classes à un déjeuner-partage, lors duquel vos élèves raconteront leur croisière et leurs divers projets à leurs collègues des autres classes.

> Mars

Planifiez une journée sur les métiers. Invitez des gens qui utilisent des instruments destinés à la mesure et à l'orientation dans le cadre de leur travail. Par exemple, il serait intéressant de rencontrer une pilote, un arpenteur-géomètre ou un marin. Effectuez un parallèle avec l'importance d'avoir le bon équipement lorsqu'on part en voyage. De quels outils ont-ils besoin pour bien réussir l'année ? Leur manque-t-il certaines pièces d'équipement pour bien travailler et se concentrer sur leurs tâches ?

> Avril

Faites le point sur la croisière et sur l'ensemble de l'année scolaire. Quelles sont les principales étapes que nous avons accomplies jusqu'à maintenant ? Quelles ont été les étapes les plus faciles ? Les plus difficiles ? Comment avez-vous fait pour surmonter les obstacles ? Discuter ainsi permettra d'apporter des solutions intéressantes à divers problèmes rencontrés dans le groupe.

> Mai

Rencontrez quelqu'un qui s'est déjà perdu dans sa vie. Ce pourrait être quelqu'un qui a « dérapé » un jour et qui, grâce à un phare, à une nouvelle boussole ou à un guide spécial, a finalement retrouvé son chemin.

Chez les plus petits, vous pourriez inviter un élève un peu plus vieux qui a déjà rencontré des difficultés scolaires.

Chez les plus grands, invitez un adulte maintenant accompli qui a vécu des difficultés scolaires (décrochage, rejet, etc.). Demandez-lui de rassurer les élèves quant au fait qu'il y a toujours une lumière qui clignote au loin et qui indique la bonne route... à condition de bien vouloir la suivre !

> Juin

Préparez le souper du capitaine : un grand repas-partage organisé par les élèves. Prévoyez de la musique et un décor approprié. Chacun sera invité à apporter un plat qu'il aura préalablement inscrit au menu. (Vérifiez s'il y a des allergies dans votre classe et demandez aux enfants d'éviter ces aliments.)

Dites aux enfants de s'habiller de marine et de blanc ou de revêtir leurs plus beaux habits. Les jeunes sont souvent bien excités à l'idée de s'habiller « chic », surtout pour se présenter devant leurs camarades de classe. Chacun a généralement une tenue plus « propre », réservée aux grandes occasions. Il y a toujours un sentiment de plaisir et de fierté à la porter. Cela renforcera la fierté associée à leurs accomplissements scolaires.

Tous seront invités à venir avec leurs parents pour partager ce festin lors duquel seront évoqués les meilleurs moments de la croisière qu'ils viennent de vivre. La banderole sera là, bien en vue, et chacun expliquera à ses parents le chemin parcouru.

Lors de ce souper, les enfants seront invités à s'exprimer sur leurs plus belles découvertes de l'année. Qu'est-ce qui les a fascinés ? Où rêvent-ils d'aller maintenant ? Quelles matières scolaires leur a demandé le plus d'effort ? De quoi sont-ils particulièrement fiers ?

À LA FIN DE L'ANNÉE

Remettez une copie du certificat **(voir fiche 50-b en annexe)** à chacun de vos élèves. Prenez bien soin d'y ajouter une note personnelle qui reflète l'année qui vient de se terminer.

Annexes

MES RÉUSSITES :

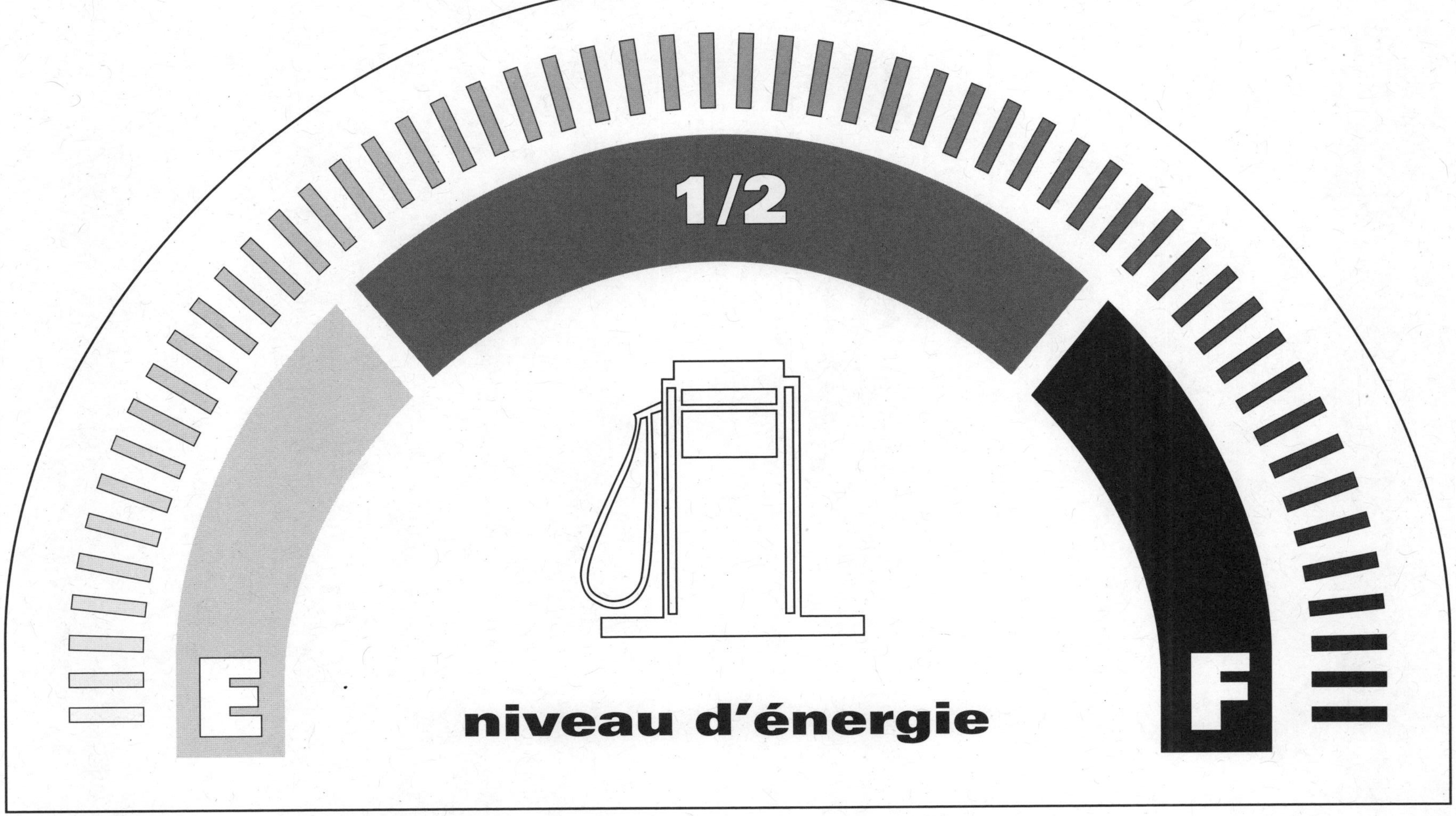
1/2
E
F
niveau d'énergie

Bon été!

Pliez ici

N'oublie pas de faire le PLEIN régulièrement!

Pour que tout roule plus facilement!

Sratégie no 1 :

Sratégie no 2 :

Sratégie no 3 :

Sratégie no 4 :

Sratégie no 5 :

Sratégie no 6 :

Sratégie no 7 :

Sratégie no 8 :

Sratégie no 9 :

Sratégie no 10 :

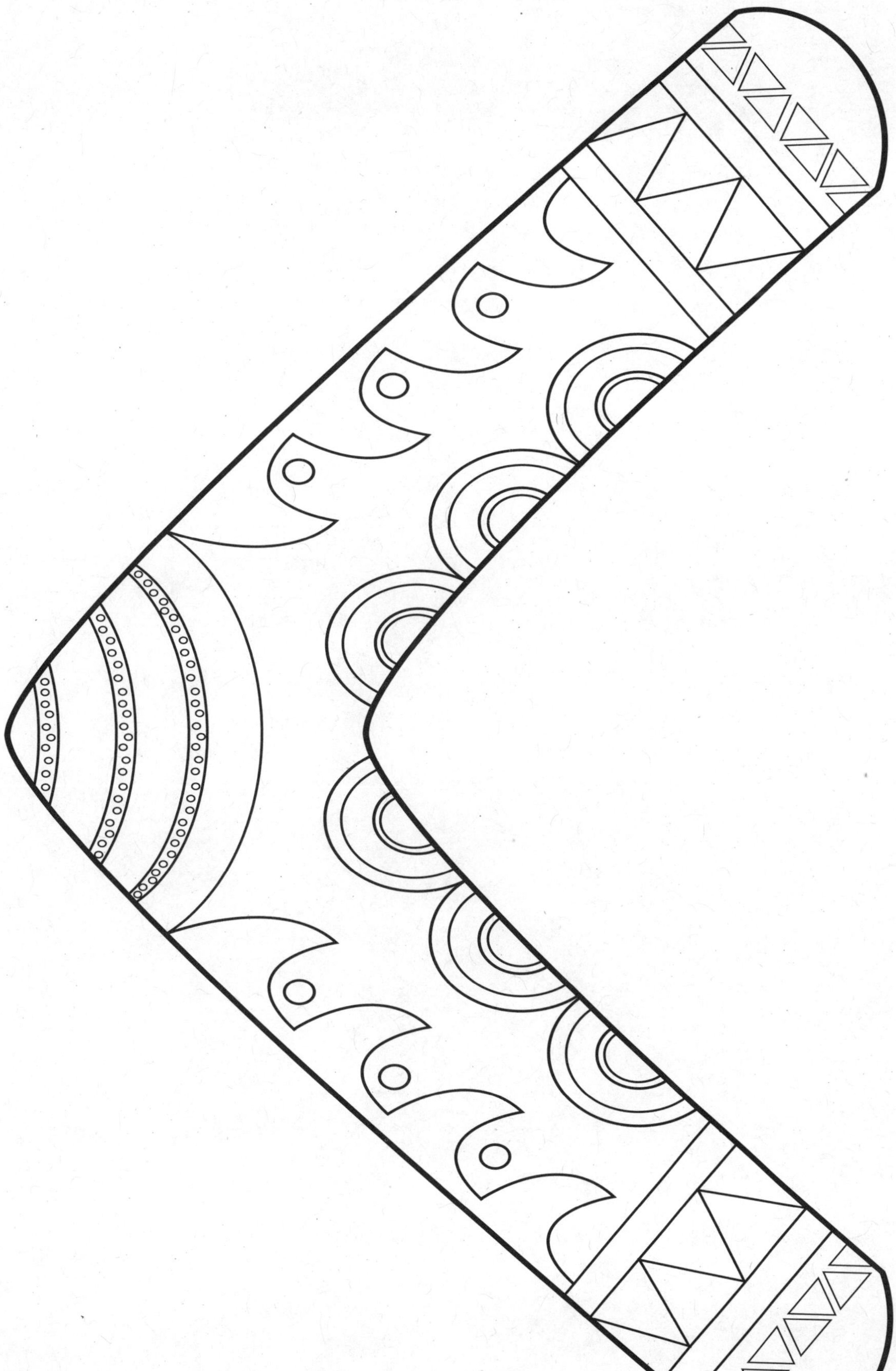

Nous avons tous un

BRAVO!

Je certifie que

sait bien utiliser son PC.

Signature : ______________________

Date : ______________________

PASSEPORT

NOM DE L'ÉCOLE

CLASSE

Colle
ta photo
ici

Nom

Prénom

Date de naissance

Citoyenneté

Grandeur

Poids

Cheveux

Yeux

Pouce	Index	Majeur	Annulaire	Auriculaire

Mets tes empreintes digitales dans les carrés.

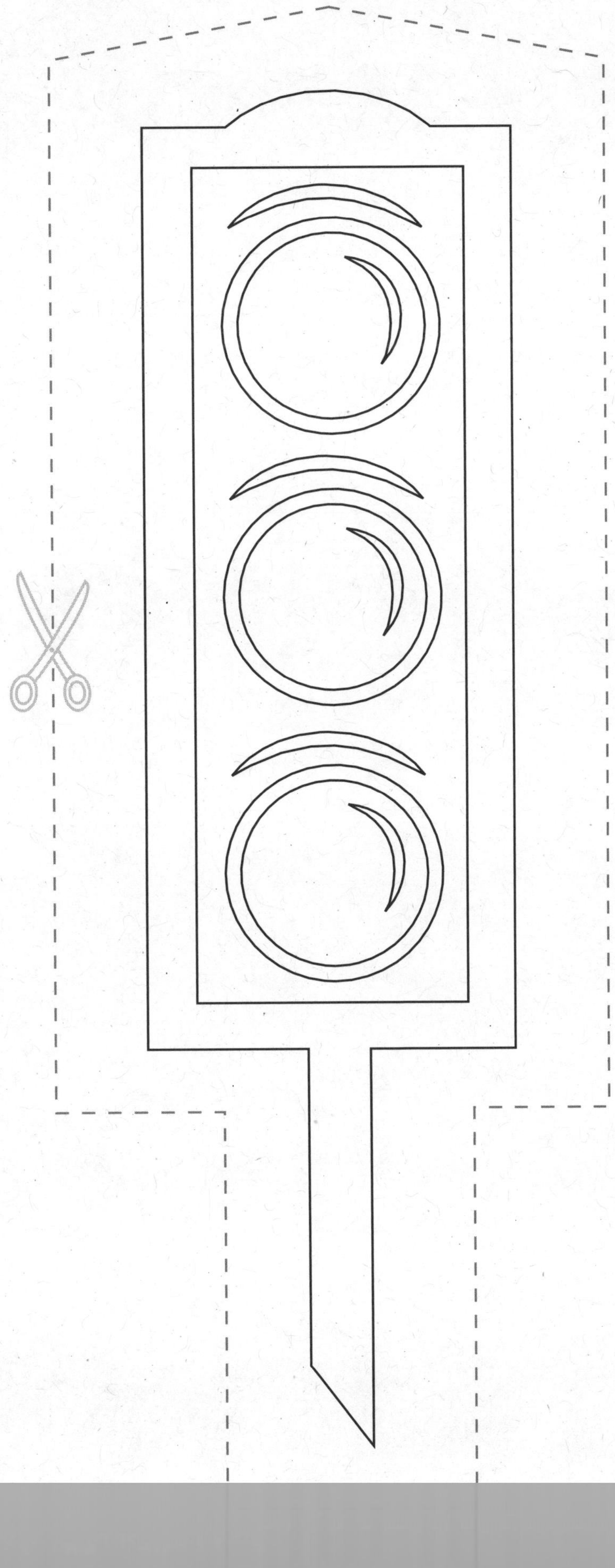

Bonne route!

Feu vert

pour réaliser tous tes projets!

Pliez ici

FICHE DE LECTURE

Titre du livre :

Nom de l'auteur :

Maison d'édition :

Nombre de pages :

Nom du héros :

Résumé :

Mon appréciation :

FICHE DE LECTURE

Titre du livre :

Nom de l'auteur :

Maison d'édition :

Nombre de pages :

Nom du héros :

Résumé :

Mon appréciation :

Nom de l'élève :

Titre du livre :

Appréciation :

Nom de l'élève :

Titre du livre :

Appréciation :

Nom de l'élève :

Titre du livre :

Appréciation :

Nom de l'élève :

Titre du livre :

Appréciation :

POLICE

?

S.O.S.

STOP

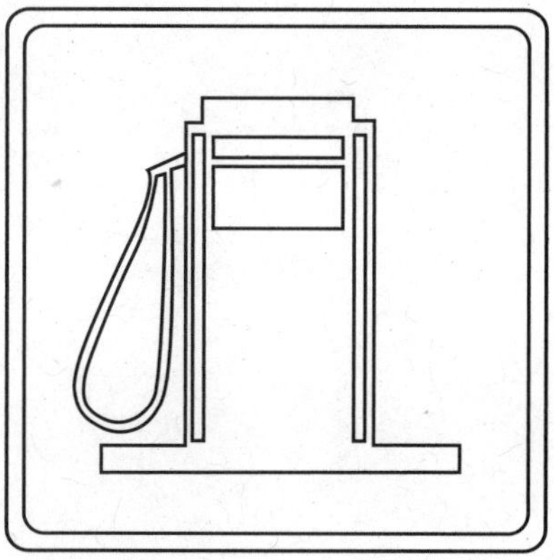

PERMIS DE CONDUIRE

Colle ta photo ici

NOM

ÉCOLE

CLASSE

Grandeur Yeux

Date d'expiration

Signature

PERMIS DE CONDUIRE

Colle ta photo ici

NOM

ÉCOLE

CLASSE

Grandeur Yeux

Date d'expiration

Signature

Félicitations!

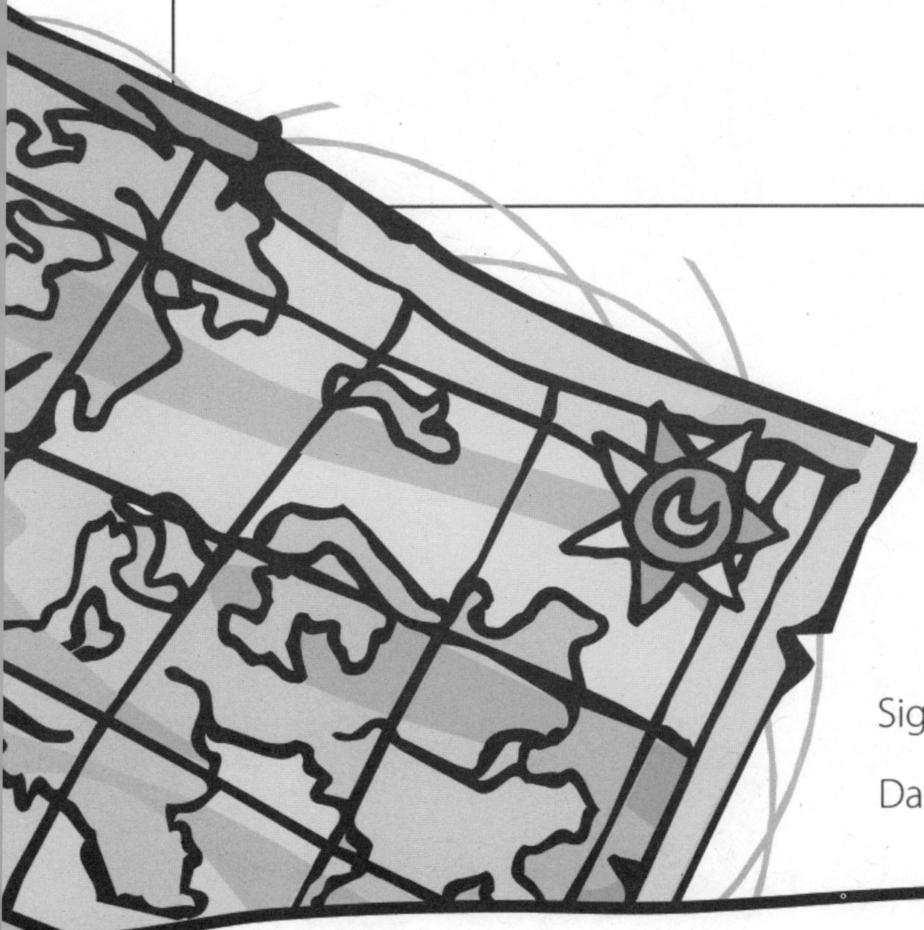

Tu as fait un bon bout de chemin.

Signature : ______________________

Date : ______________________

Serpents et échelles

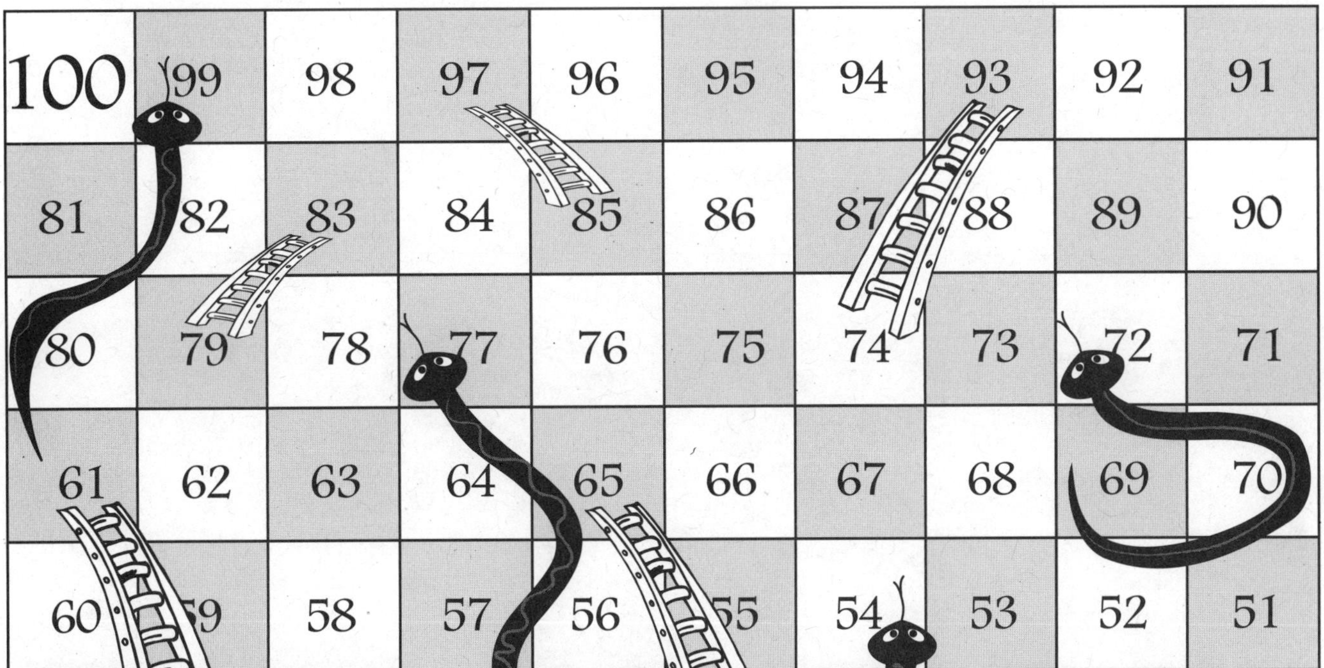

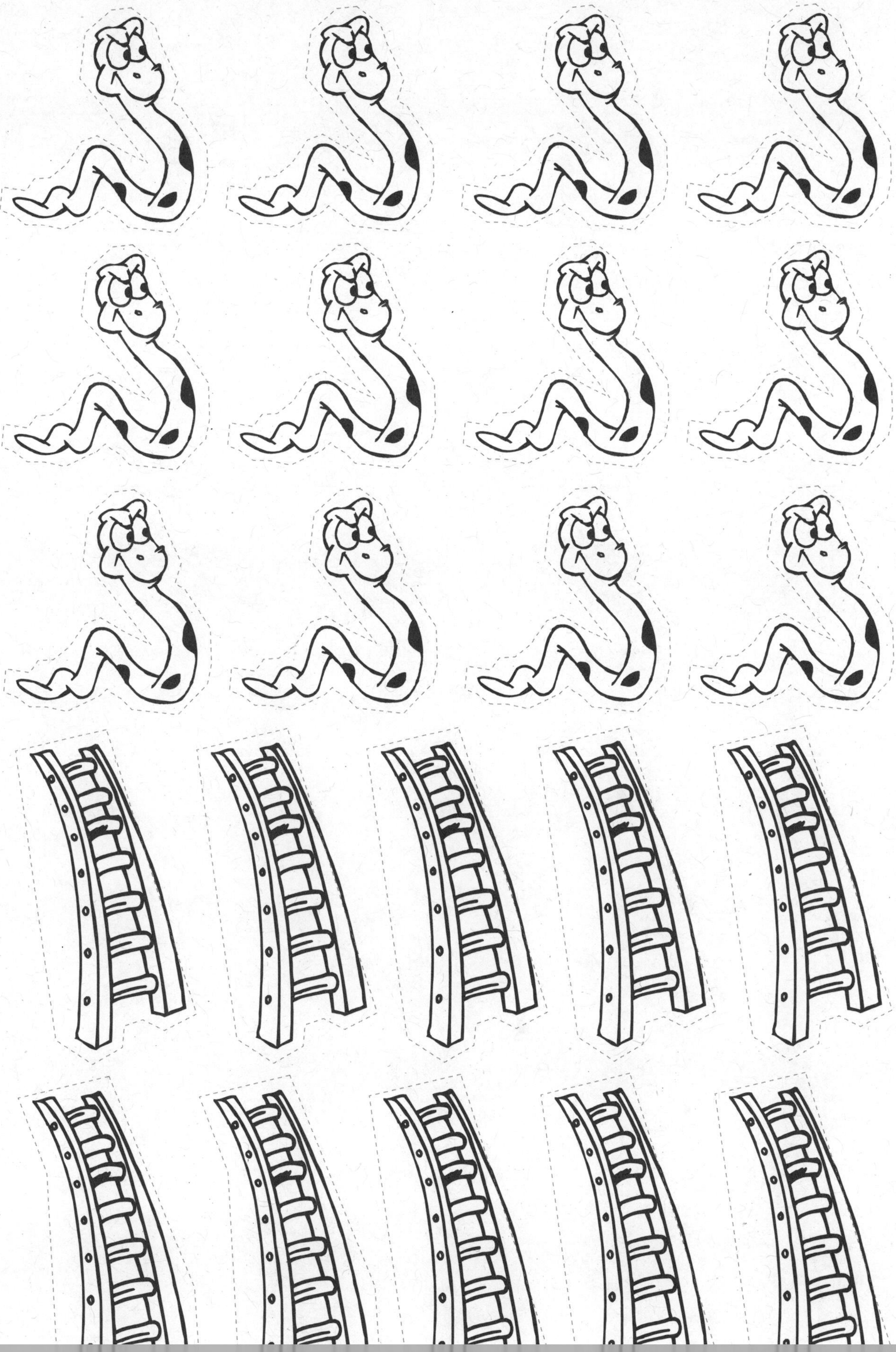

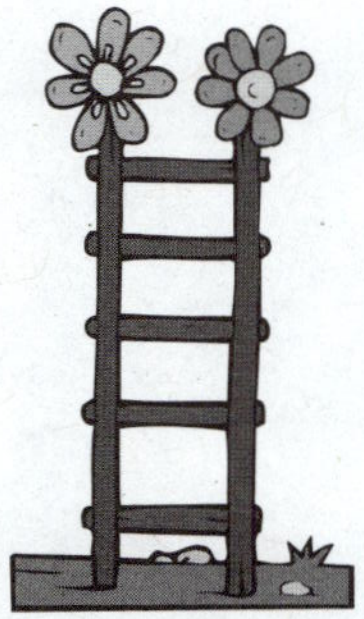

Bonnes vacances!

Recherche les

échelles

et fais attention aux

serpents!

Pliez ici

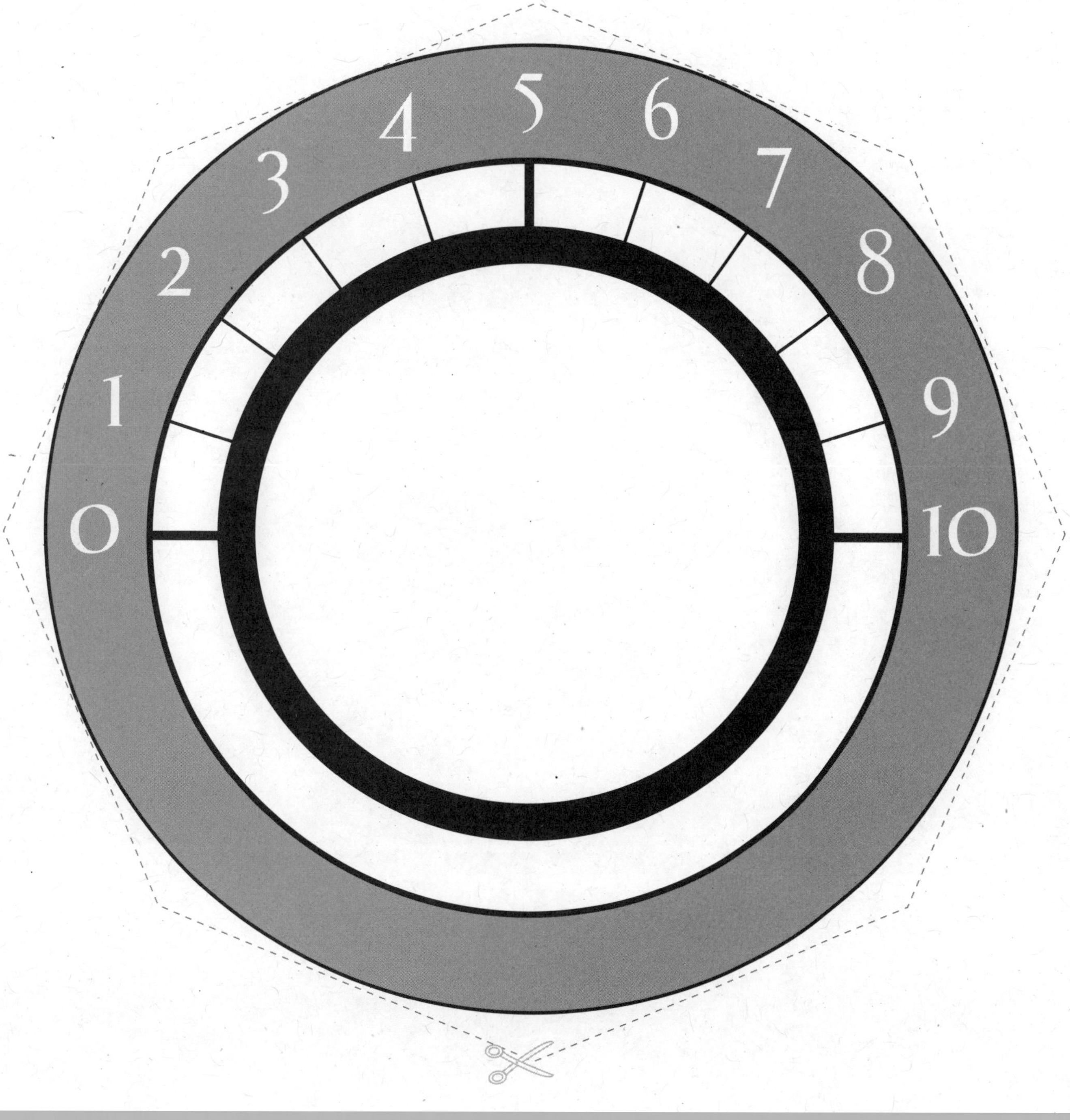
0
1
2
3
4
5
6
7
8
9
10

Vois sur ton chemin

Vois sur ton chemin
Gamins oubliés égarés
Donne-leur la main
Pour les mener
Vers d'autres lendemains

Sens au cœur de la nuit
L'onde d'espoir
Ardeur de la vie
Sentier de gloire

Bonheurs enfantins
Trop vite oubliés effacés
Une lumière dorée brille sans fin
Tout au bout du chemin

Sens au cœur de la nuit
L'onde d'espoir
Ardeur de la vie
Sentier de gloire

Paroles et musique :
Bruno Coulais, Christophe Barratier, 2004.

Continue de rechercher la lumière!

Certificat remis à

qui a cheminé vers le succès grâce à sa flamme!

Signature : ______________________ Date : ______________________

Félicitations!
Tu as réussi ton année de façon

éclatante!

Certificat remis à

Signature : ______________________ Date : ______________________

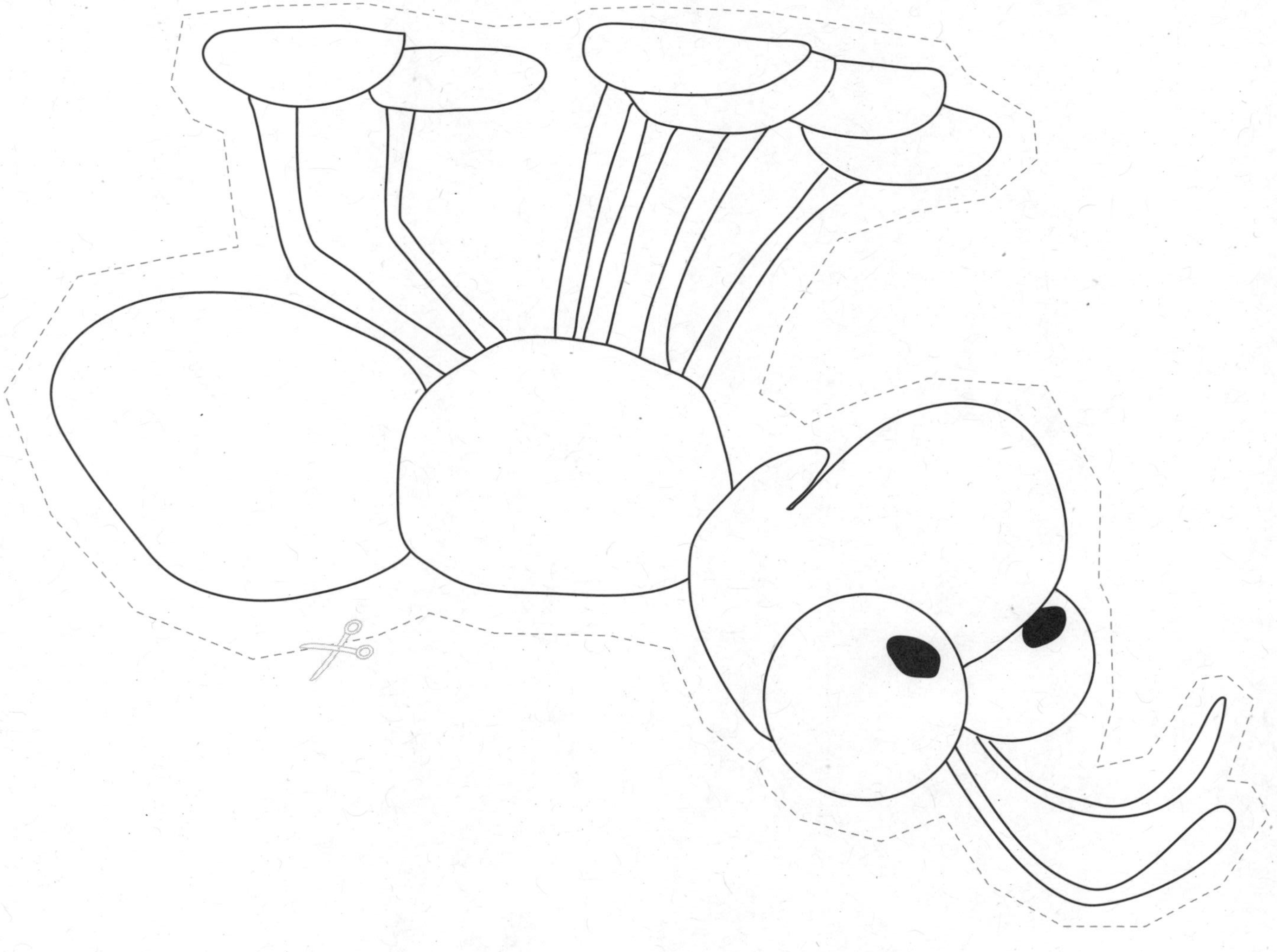

Livre de recettes des

Chefs Marmitons

Classe : ______________________________

Bon été!
Imitez-moi!
Pliez ici

Arrière

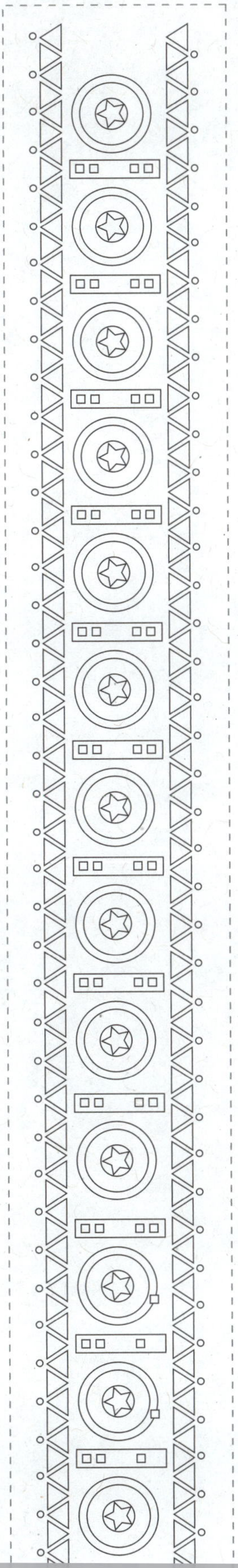

Avant

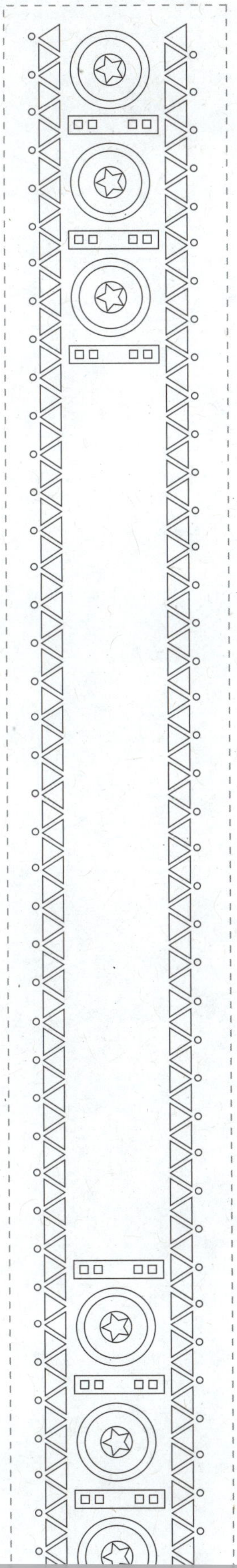

Écrire le nom

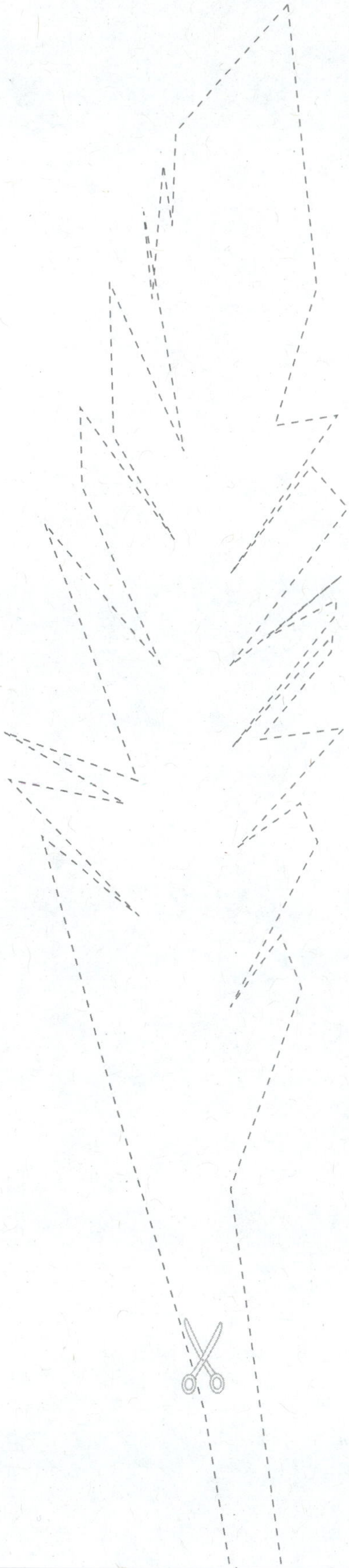

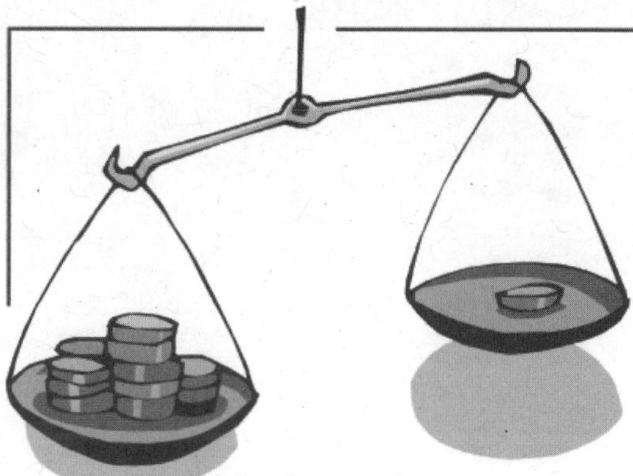

Nom de l'élève :

Titre du livre :

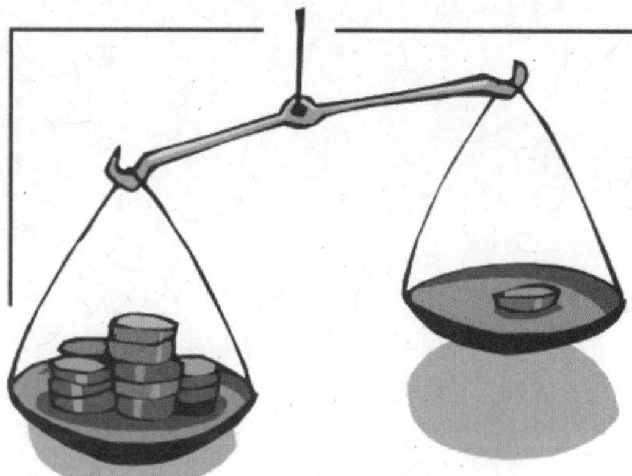

Nom de l'élève :

Titre du livre :

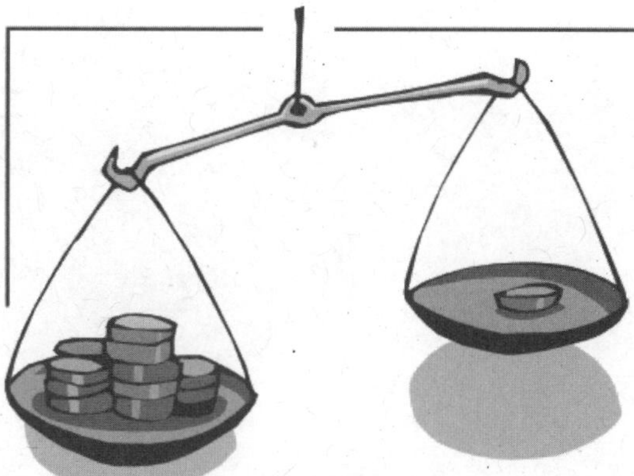

Nom de l'élève :

Titre du livre :

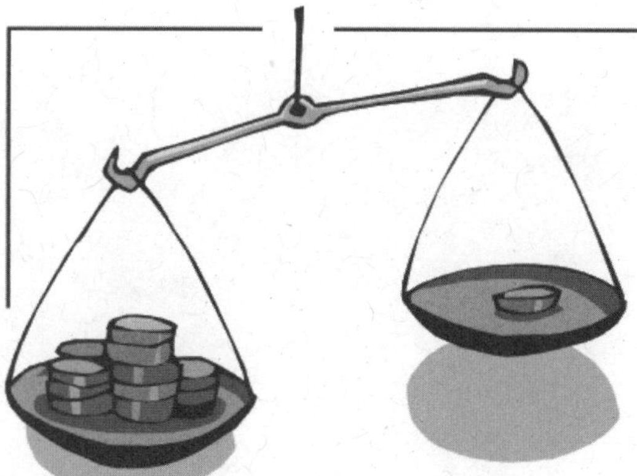

Nom de l'élève :

Titre du livre :

L'essentiel, c'est de persévérer.

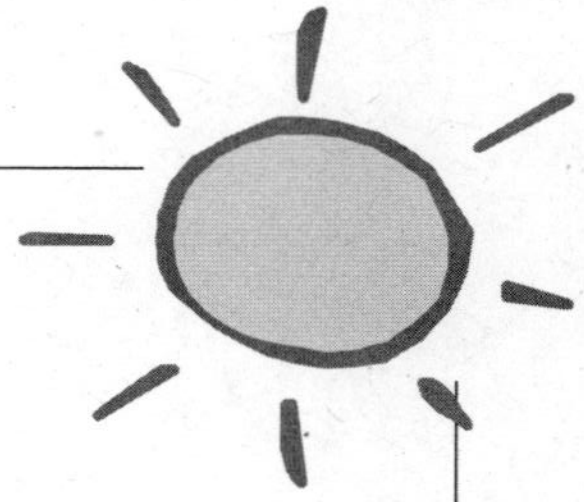

Certificat remis à :

____

gnature : ____________________ Date : ____________________

MES OBJECTIFS POUR CET ÉTÉ :

CONTINUE DE VOIR LOIN!

Pliez ici

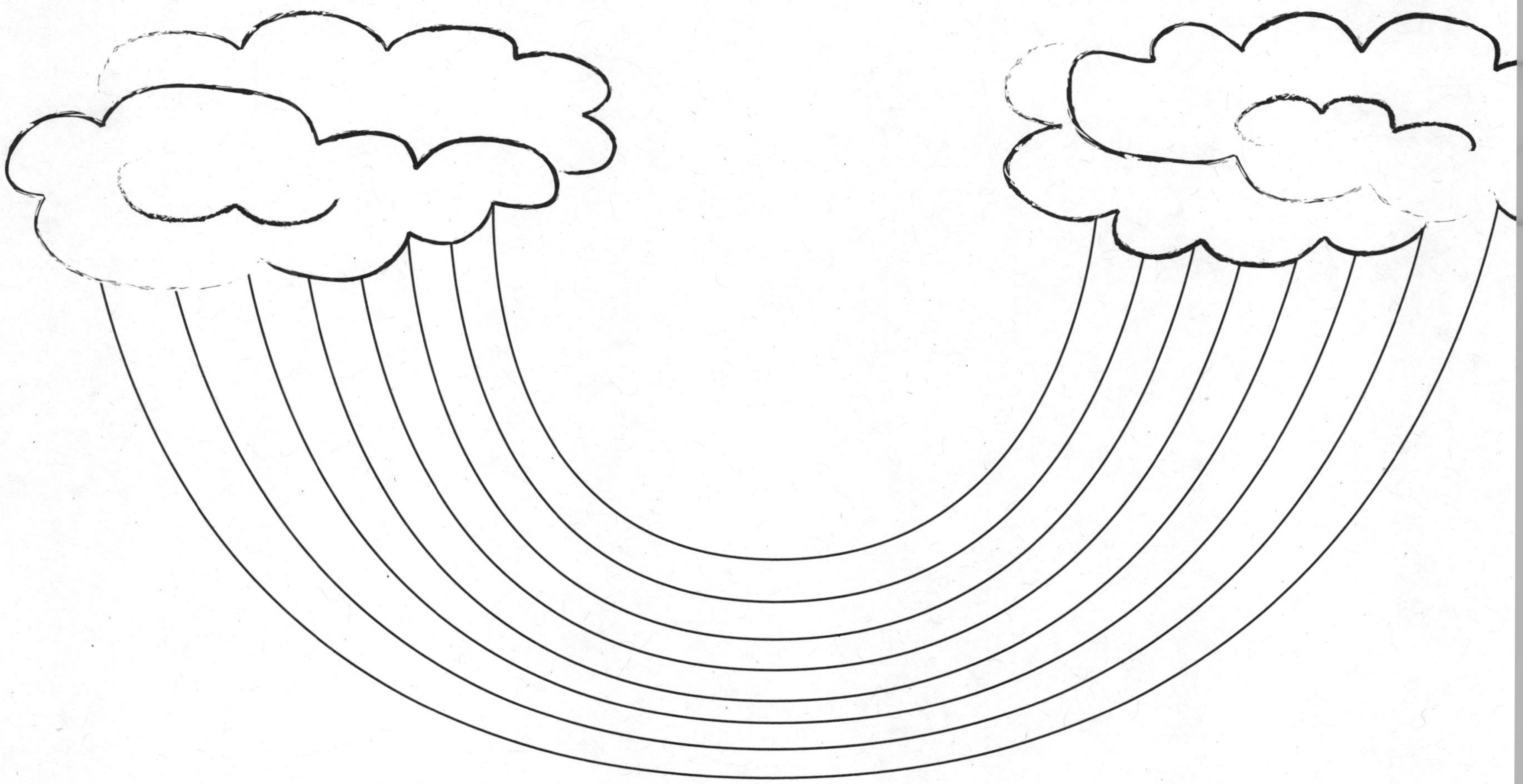

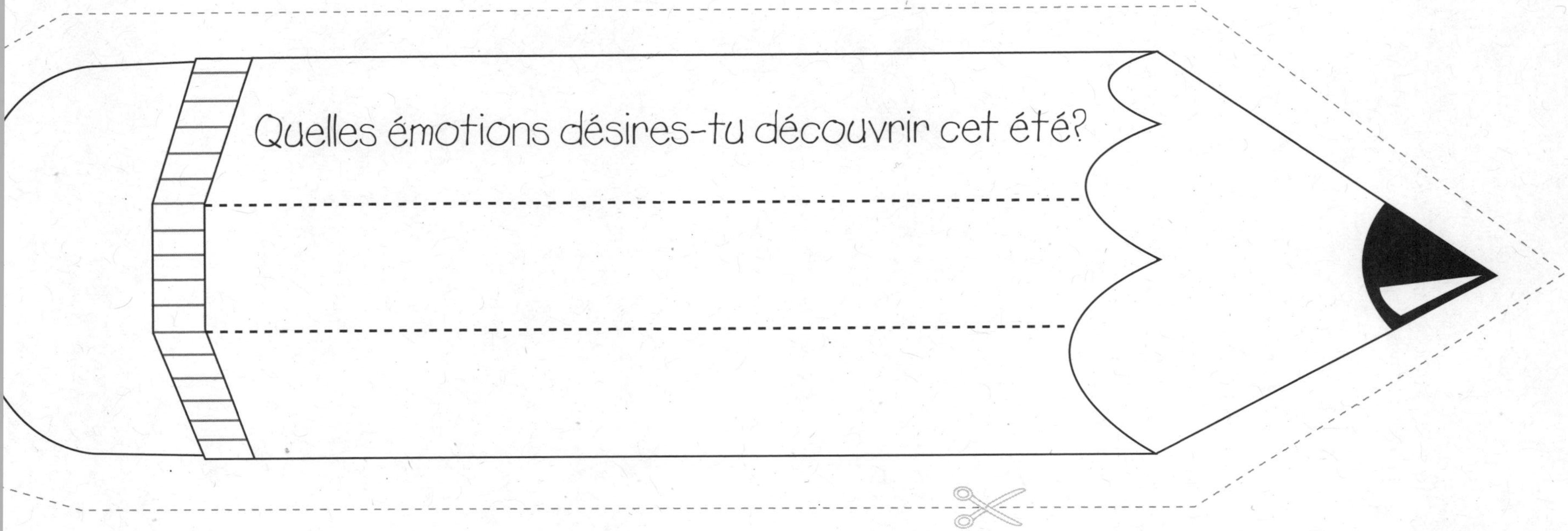
Quelles émotions désires-tu découvrir cet été?

STOP

RESPIRE

BOUGE

REMISE À :

DATE : ______________________________

POUR : ______________________________

____

____

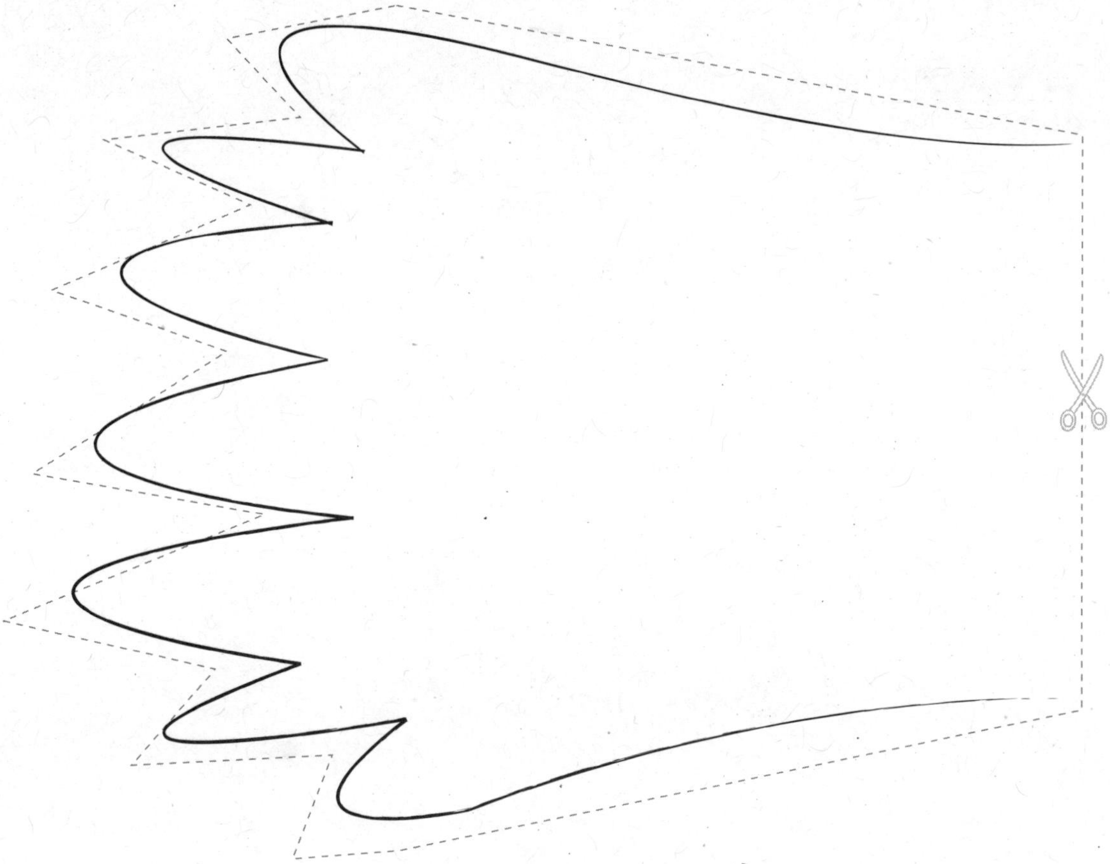

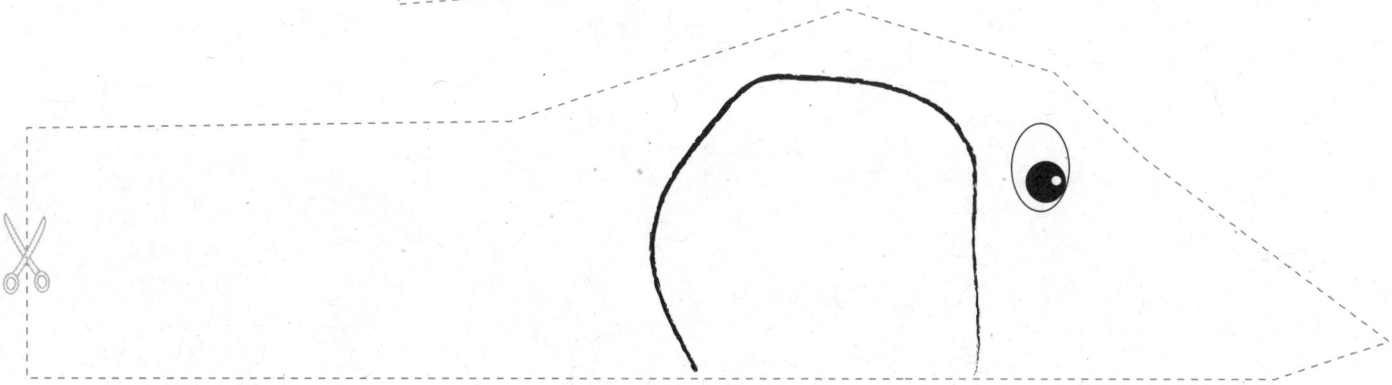

FÉLICITATIONS MATELOT!

Je certifie que

a trouvé son trésor cette année!

Le plus beau des trésors est en chacun de nous!

Signature : ______________________

Date : ______________________

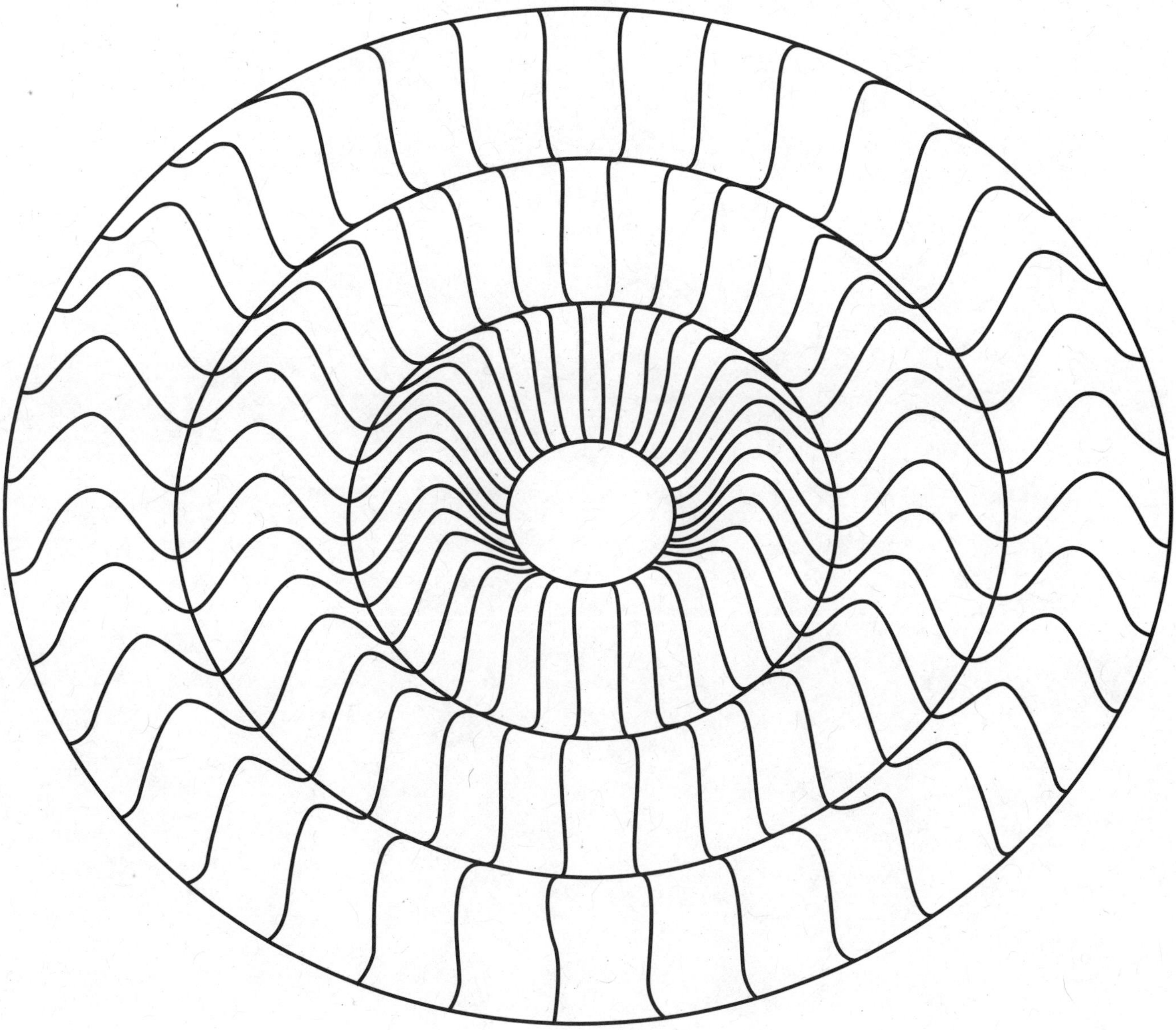

L'histoire de

MA CLASSE,

de septembre à juin

Coller une photo ici

Mon école :

Mon enseignant : Année :

Solutions

611

Urgences

911

Ressources

411

Le téléphon

Paroles et musique :
Nino Ferrer, Barclay

Bernadette, elle est très chouette
Et sa cousine, elle est divine
Mais son cousin, il est malsain
Je dirais même que c'est un bon à rien.

Noémie est très jolie
Moins que Zoé, mais plus que Nathalie
Anatole il est frivole
Monsieur Gaston s'occupe du téléphon.

Gaston y a l'téléphon qui son'
Et y a jamais person qui y répond
Gaston y a l'téléphon qui son'
Et y a jamais person qui y répond

Marie-Louise, elle est exquise
Marie-Thérèse, elle est obèse
Marie-Berthe, elle est experte
Par l'entremise de sa tante Artémise.

Édouard fume le cigare
Et Léonard porte une barbe noire
Léontine fait la cuisine
Monsieur Gaston s'occupe du téléphon.

Gaston y a l'téléphon qui son
Et y a jamais personne person qui y répond
Gaston y a l'téléphon qui son'
Et y a jamais personne person qui y répond

Non, non, non, non, non, non, non, non, non,
Gaston l'téléphon qui son'
P't-être bien qu'c'est important !

Je ______________________________

m'engage à faire éclater

la VÉRITÉ!

Je ______________________________

m'engage à faire éclater

la VÉRITÉ!

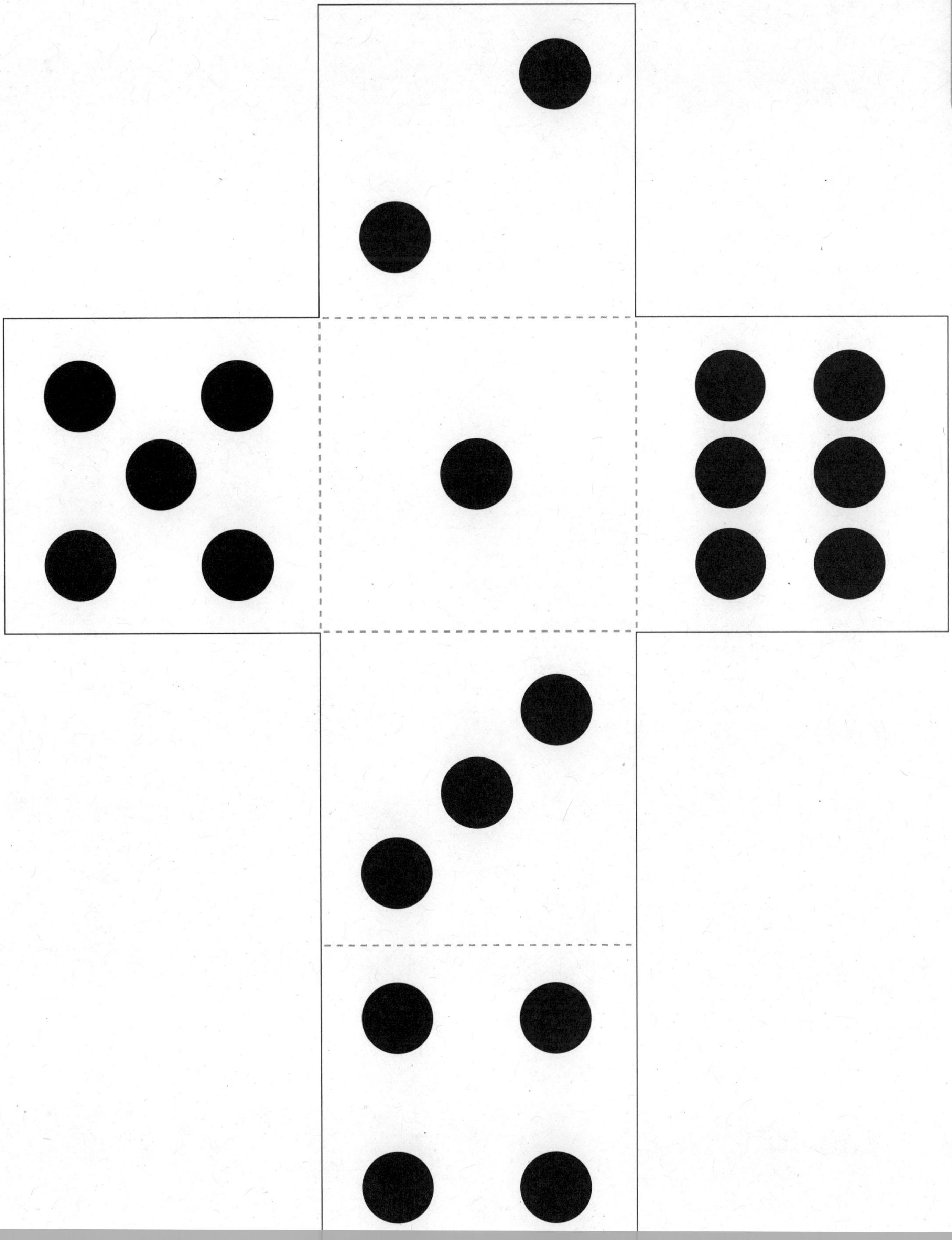

Mes objectifs pour cet été :

Pliez ici

Saisis ta CHANCE!

Date : ....

Domaine dans lequel je me suis illustré :

....

....

Commentaire positif :

....

....

....

....

Date : ....

Domaine dans lequel je me suis illustré :

....

....

Commentaire positif :

....

....

....

....

Date : ....

Domaine dans lequel je me suis illustré :

....

....

Commentaire positif :

....

....

....

....

Date : ....

Domaine dans lequel je me suis illustré :

....

....

Commentaire positif :

....

....

....

....

LE JOYEUX PROMENEUR

Par les sentiers, sous le ciel bleu
J'aime à me promener
Le sac au dos, le cœur joyeux,
Je me mets à chanter :

Valderi, valdera, valderi,
Valdera, ha, ha, ha, ha,ha,
Valderi, valdera,
Je me mets à chanter

Et par les bois et par les champs
Tous les oiseaux jaseurs
Mêlant leurs voix, mêlant leurs chants
Entonnent tous en chœur

Tous les amis que je rencontre
Au hasard des chemins
À mon salut, bientôt répondent
Par le même refrain.

Et je serai au long des jours
Avec la même ardeur
Sous le soleil, errant toujours
Un joyeux promeneur.

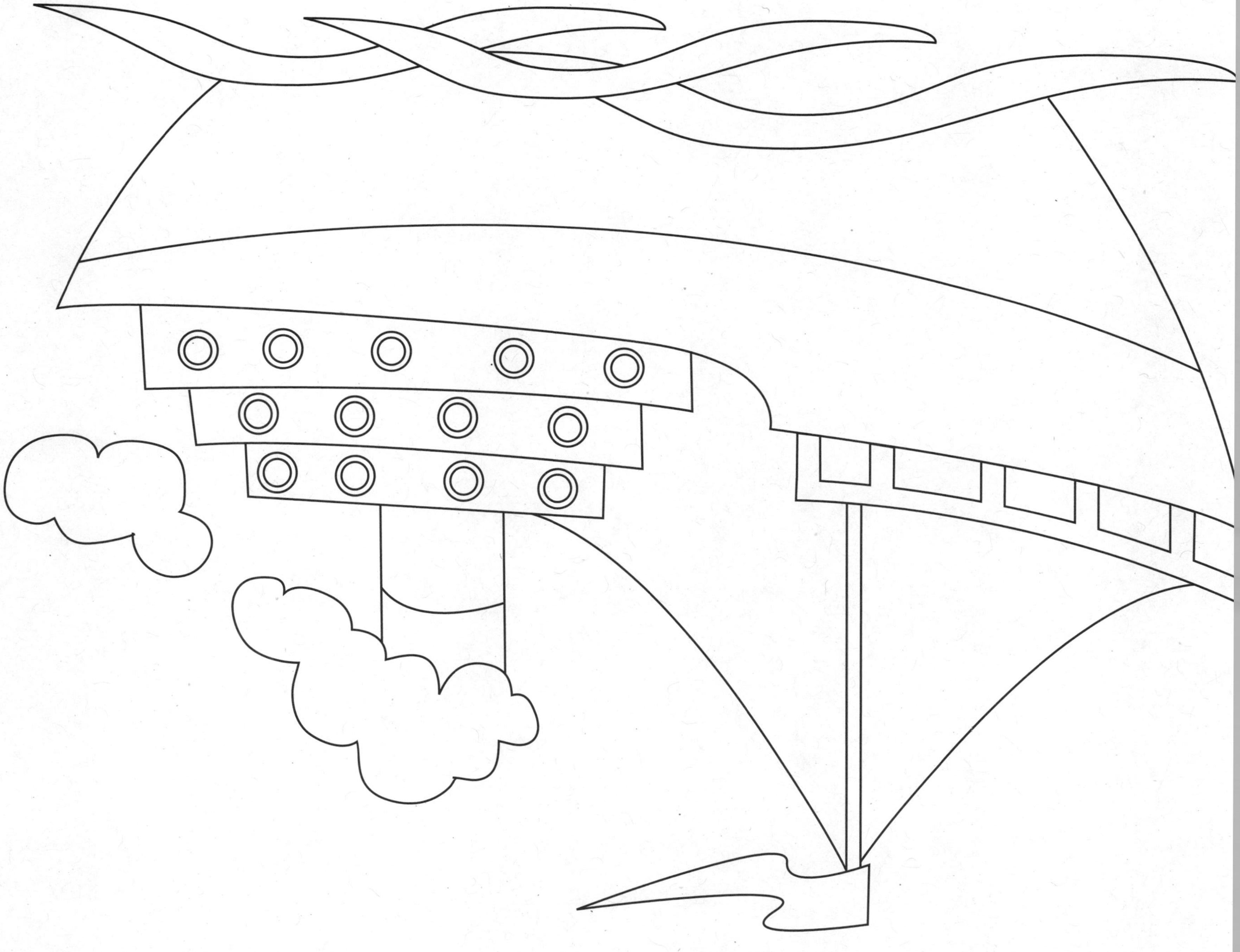

Ne perds jamais le nord!

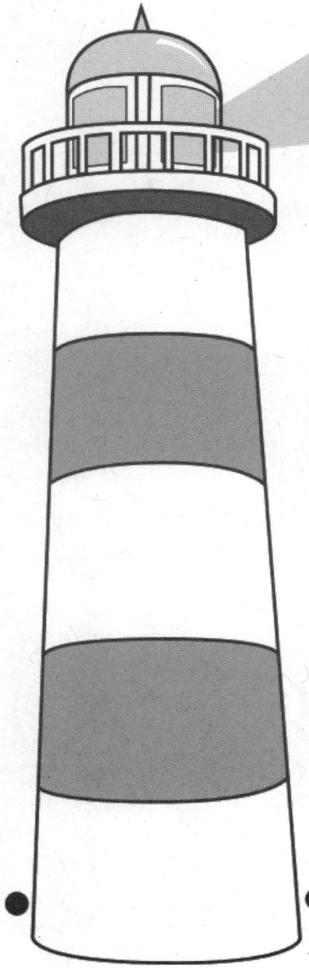

Je certifie que

est arrivé à bon port!

Signature : ______________________

Date : ______________________

Ouvrages complémentaires

BEAULIEU, D. *Techniques d'impact pour grandir : des illustrations pour développer l'intelligence émotionnelle chez les enfants,* Montréal, Les Éditions Quebecor, 2010 (©2000).

BEAULIEU, D. *Leader d'impact en intervention, en classe et en milieu de travail,* Montréal, Les Éditions Quebecor, 2010 (©1998).

BEAULIEU, D. *Techniques d'impact pour grandir : des illustrations pour développer l'intelligence émotionnelle chez les ados,* Montréal, Les Éditions Quebecor, 2010 (©2000).

BEAULIEU, D. *100 trucs pour améliorer vos relations avec les enfants,* Montréal, Les Éditions Quebecor, 2010 (©1999).

BEAULIEU, D. *100 trucs pour améliorer vos relations avec les ados,* Montréal, Les Éditions Quebecor, 2010(©1999).

BEAULIEU, D. *Techniques d'impact en classe,* Montréal, Les Éditions Quebecor, 2010 (©2001).

BEAULIEU, D. *Fascicules d'impact en classe : activités éducatives pour développer toutes les intelligences,* Québec, Éditions Académie Impact, 2002.

BEAULIEU, D. et J. GAUTHIER. *Psycho Défis Junior, 52 cartes pour muscler l'intelligence émotionnelle,* Québec, Psyboutique, 2004 (©2003).

BEAULIEU, D. et É. ROY. *Techniques d'impact au préscolaire,* Montréal, Les Éditions Quebecor, 2010 (©2003).

CÔTÉ, D. *Trousse d'activités Classe à part,* Québec, Psyboutique, 2004 (©2003).

ESPELAND, P. et R. WALLNER. *365 idées pour ensoleiller mes journées,* Québec, Impact ! Éditions, 2006 (©2004).

HÉBERT, D. *Cont'activités sur les émotions : De la peine dans la vallée,* Québec, Impact ! Éditions, 2006 (©2004).

HÉBERT, D. *Cont'activités sur les émotions : La saine colère de Monsieur Cocquodet,* Québec, Impact ! Éditions, 2006 (©2004).

LACHANCE, S. *Jojo l'Ourson : Que d'émotions !,* Québec, Éditions Académie Impact, 2005 (©2002).

LÉGARÉ, M. *L'école du Petit Roseau : roman pédagogique pour accompagner votre enfant dans sa réussite scolaire,* Québec, Éditions Académie Impact, 2005.

MALENFANT, R. *À propos… d'éducation et de croissance personnelle,* Québec, Éditions Académie Impact, 2005 (©2002).

Danie Beaulieu, Ph. D., vous invite à son

PROGRAMME

Thérapeute d'IMPACT

Thérapie d'IMPACT

Trois journées de pure stimulation pour découvrir les théories sous-jacentes à la Thérapie d'impact. Transmise avec passion, une solide expertise, utilisant des exemples tirés du quotidien des participants et agrémentée de plusieurs exercices pour faciliter l'intégration du contenu, cette formation reste imprégnée à jamais dans la pratique et la vie personnelle du participant.

Techniques d'IMPACT

Donnez-vous la chance d'avoir plus d'IMPACT dans vos interventions en ajoutant ces outils puissants à votre répertoire. Simples et accessibles, ils séduisent les clients autant que les thérapeutes. Plus de 80 techniques d'évaluation et d'intervention si vous suivez les deux ateliers.

Développer l'intelligence émotionnelle des petits et des grands

Les preuves en béton avancées par Daniel Goleman nous indiquent qu'on ne peut ignorer les cinq dimensions de l'intelligence émotionnelle lorsque nous avons réellement à cœur d'aider ou de se construire. Cette journée dynamique et remplie de stratégies créatives vous apportera les instruments nécessaires pour contribuer de manière notable et significative à l'intelligence émotionnelle des petits et des grands.

Le burnout et la dépression: gravir les échelons vers la guérison

Venez découvrir une méthode hiérarchique d'intervention que vous pourrez utiliser avec l'ensemble de vos clients atteints de burnout ou de dépression. Un volet destiné à l'intervention auprès des enfants ainsi qu'un volet prévention seront également présentés lors de ce séminaire.

Bye-bye anxiété

Tout le monde la connaît, personne ne l'aime. Saviez-vous que l'anxiété est le motif numéro un des consultations en psychothérapie? Sans intervention appropriée et efficace, elle peut accaparer la vie entière

L'art de semer

L'analogie, vieille comme la terre, qui dit que l'on récolte ce que l'on sème, est encore très actuelle. Comme enseignants, comme thérapeutes, comme parents, individus, nous pouvons semer de manière à rendre les autres passifs, réactifs ou proactifs. Nous habitons aussi dans l'une ou l'autre de ces différentes sphères, de là notre grande estime personnelle ou notre totale insatisfaction face à notre vie. Nous sommes tous des semeurs, que nous le voulions ou pas. Nous pouvons cependant apprendre à le faire consciemment afin d'en ressortir le maximum de satisfaction et de toucher positivement ceux qu'on souhaite aider. Une journée de grande profondeur humaine, qui a changé le parcours de plusieurs personnes.

Relations interpersonnelles

Nous naissons tous avec des mécanismes de défense pour nous protéger des différents dangers. Nos collègues et nos proches font souvent partie de ces dangers! Les stratégies automatiques qui se mettent alors en action dans les conflits qu'on rencontre ne sont toutefois pas conçues pour faire évoluer la relation mais bien pour éloigner ou éliminer l'agresseur! Ce séminaire, organisé en quatre étapes hiérarchiques, permet de devenir conscient de ces automatismes nuisibles et d'apprendre des stratégies plus «évoluées» pour prendre soin de nos relations. Remplie d'humour, d'exercices pratiques et d'outils d'impact tangibles, cette journée vous garantit de repartir «équipés» pour affronter les difficultés interpersonnelles que vous rencontrez en classe, en thérapie, à la maison ou au travail.

Le deuil et ses issues

Une formation riche en réflexions et en interventions nouvelles pour faire face à une des problématiques les plus touchantes de notre existence. Une journée qui vous propose une vision humaine du deuil, tant chez les enfants, les ados que chez les adultes. Vous obtiendrez des outils tangibles pour aider les finissants de vie, apprendre la nouvelle aux proches, aider les survivants à reprendre sereinement le quotidien et faciliter l'acceptation du deuil chez les endeuillés.

Formations offertes deux fois par année, à Québec et Montréal

Découvrez tous les détails au

WWW.ACADEMIEIMPACT.COM

Achevé d'imprimer au Canada
sur papier Enviro 100% recyclé
sur les presses de Imprimerie Lebonfon Inc.

100%